TITRES

ET

TRAVAUX

SCIENTIFIQUES

DU

Docteur Jean LAPOUGE

NICE

IMPRIMERIE DE " L'ÉCLAIREUR DE NICE "

21, Rue Meyerbeer, 21

—

1927

TITRES SCIENTIFIQUES

1° Titres universitaires et hospitaliers.

Docteur en médecine (1920).

Assistant de la clinique oto-rhino-laryngologique de la Faculté de Médecine de Bordeaux (1920). (Professeur Moure).

Assistant du service d'oto-rhino-laryngologie (Hôpital Saint-Louis. Professeur Lemaître. 1921.) Paris.

2° Sociétés savantes.

Membre de la Société de Médecine de Nice.
Membre de la Société de Climatologie du Littoral.
Membre de la Société Française d'Oto-Rhino-Laryngologie.
Membre de la Société Parisienne d'Oto-Rhino-Laryngologie.
Membre de la Société Oto-Neuro-Oculistique de Strasbourg.
Membre de la Société Oto-Neuro-Oculistique du Sud-Est.
Membre de la Société Italienne d'Oto-Rhino-Laryngologie.
Membre de la Société Italienne d'Oto-Neuro-Oculistique.
Membre de la Société Belge d'Oto-Rhino-Laryngologie.
Membre de la Presse Scientifique Française.

Décorations.

Croix de Guerre.
Médaille des Epidémies.
Médaille d'or des Assurances Sociales.

TITRES DIVERS

Secrétaire des « Archives internationales de Laryngologie » et collaborateur scientifique.

Collaborateur scientifique de la « Revue de Laryngologie, d'Otologie et de Rhinologie ». (Prof. Moure et Portmann).

Médecin spécialiste oto-rhino-laryngologiste de l'Hôpital Anglais (Queens Memorial Hospital).

Médecin spécialiste O.R.L. du Dispensaire d'Hygiène Sociale.

Médecin spécialiste O.R.L. du Dispensaire du Foyer du Soldat

Chirurgien consultant oto-rhino-laryngologiste du *Centre Chirurgical du Var* (secteur Draguignan).

Expert près le Tribunal civil de Nice.

A participé au Congrès International d'Otologie (Paris 1923) et aux Congrès Français et Etrangers d'Oto-Rhino-Laryngologie (1921, 1922, 1923, 1924, 1925, 1926).

Enseignement.

Moniteur de clinique oto-rhino-laryngologique pour les étudiants de 3° et 4° année (1920).

Cours de perfectionnement du professeur Moure pour les spécialistes (Juillet 1920-1921).

— 4 —

TITRES MILITAIRES

1° Grades et affectations.

A la mobilisation, élève du service de santé de la marine et des colonies.

Incorporé le 2 août 1914 au 40ᵉ R. I. Puis, nommé médecin-auxiliaire le 30 août 1914.

Médecin auxiliaire au 334ᵉ R. I. (campagne des Vosges. Hartmannsweilerkopf. (1915).

Rappelé dans la marine en février 1916.

Médecin de 3ᵉ classe de la marine en août 1916.

Embarquement : Cuirassé Jean-Bart (1916-1917). Campagne de l'Adriatique. « Duguay-Trouin », transport de malades et de troupes, 1918.

Médecin de 2ᵉ classe en août 1918.

Démissionnaire en septembre 1919.

Aujourd'hui médecin de 2ᵉ classe de réserve de la marine, au tableau d'avancement 1927 pour le grade de médecin de 1ʳᵉ classe de réserve de la marine.

CITATION

Médecin auxiliaire Lapouge, 334ᵉ R. I., 6ᵉ bataillon

« Modèle de dévouement, s'est dépensé sans compter, tout par-
« ticulièrement pendant les combats du 15 au 16 octobre 1915 à
« l'Hartmannsweilerkopf, où il a pansé un grand nombre de blessés
« sous un bombardement intense. »

Le colonel de Poumayrac,
commandant la 115ᵉ Brigade.

Signé : DE POUMAYRAC.

TRAVAUX SCIENTIFIQUES

LISTE CHRONOLOGIQUE

1° *Le Fibro-tuberculome du Larynx.* — (Thèse de Bordeaux. 1920).

2° *Sur un cas de Labyrinthite aiguë.* — (Presse de Laryngologie, 15 mars 1921).

3° *Sur un cas de Tuberculose du Larynx.* — En collaboration av. Portmann. Société anatomo-clinique de Bordeaux, 7 mars 1921).

4° *Le curettage de l'Ethmoïde par voie endo-nasale.* — (En collaboration avec Portmann. Congrès italien de Laryngologie. Pérouse, Octobre 1922).

5° *Un cas de Syndrome de Gradinego.* — (Congrès belge de Laryngologie, Bruxelles, juillet 1923).

6° *Contribution à l'étude du Syndrome de Gradinego.* — (Revue de Laryngologie, 30 septembre 1923).

7° *La mastoïdité syphilitique* (en italien). — (Congrès d'O.R.L. de Bologne, octobre 1923).

8° *Un cas de mastoïdite syphilitique.* — Archives internationales de Laryngologie (1924).

9° *Glossite parenchymateuse.* — (Archives internationales de Laryngologie (1923).

10° *Les Glosso-épiglottites sans pus.* — (Travail de candidature à la Société Française d'O.R.L.) Revue de Laryngologie (15 janvier 1924).

11° *Contribution à l'étude du « Vaceum tinus ».* — Congrès italien de Naples (octobre 1924).

12° *Syndrome du vaceum tinus.* — Société de Médecine de Nice (2 janvier 1925).

13° *Un cas d'éclampsie d'otitique du nourrisson.* — (Séance de la Société d'Oto-Neuro-Oculistique du Sud-Est. Nice, décembre 1925.

14° *La trépanation mastoïdienne du nourrisson et de l'enfant.* — (Congrès Français d'O.R.L. 1925).

15° *L'Electro-coagulation des tumeurs en oto-rhino-laryngologie.* — (Congrès italien. Venise. (1925).

16° *Paralysie récurentielle et tachycardie paroxystique chez un malade atteint de tuberculomes multiples.* — (Congrès Français d'O.R.L. Paris. 1926).

17° *Les oto-mastoïdites du nourrisson et de l'enfant.* — (Société de Médecine de Nice. novembre 1926).

18° *La Surdité de Beethoven.* — (Société de Médecine de Nice, mars 1927).

19° *Thrombo phlébites du tinus latéral. Abcès intradural. Présentation de malades.* — (Société de Médecine de Nice, mai 1927).

TRAVAIL EN COURS DE PUBLICATION

(à paraître prochainement)

1° *Les abcès cérébelleux otitiques (Monographie).* — En collaboration avec le docteur Lemaître, professeur agrégé de la Faculté de Médecine de Paris.

2° *La toux amygdalienne. Son traitement : L'amygdalectomie totale.*

EXPOSÉ

—

OREILLES

—

Sur un Cas de Labyrinthite aiguë
CHEZ UN ADOLESCENT DE QUINZE ANS

(Revue de Laryngologie, 15 Mars 1921)

La labyrinthite aiguë, dite de Voltolini, est, à l'heure actuelle, trop bien connue, pour que nous nous arrêtions à la description clinique de cette affection. Mais, ayant eu l'occasion d'observer dans le service du professeur Moure un cas de labyrinthite aiguë chez un adolescent de quinze ans, il nous a paru intéressant de le signaler, n'ayant trouvé dans l'historique de cette maladie que des cas fort nombreux se rapportant à la seconde enfance. Un seul, cependant, a été observé par Compaired chez un enfant de dix ans, mais avec une évolution lente et des symtômes peu caractéristiques. Depuis qu'elle fut isolée par Voltolini, cette affection fit l'objet de nombreuses communications mais dans la plupart des cas, il s'agit plutôt de pyolabyrinthites consécutives à des suppurations plus ou moins anciennes de l'oreille moyenne : telles sont les observations de Gorke, de Sune y Molst et d'Alexander. Il en est, par contre, de typiques, celles de Grazzi, de Genta Sylvio, de Compaired.

Il s'agit là d'enfants de cinq à six ans, atteints en pleine santé d'une fièvre violente, et qui, pendant quelques jours, éprouvent des vertiges et vomissent au moindre mouvement de la tête sur l'oreille. Les phénomènes s'amendent brusquement. Les malades se lèvent au bout de quelque temps et l'on constate alors une surdité complète, bilatérale, et une instabilité très marquée. Dans l'un des cas, s'ajoutaient, aux phénomènes précédents, des oscillations antéro-postérieures rythmiques de la tête.

Nous rappellerons plus particulièrement l'observation de M. Bouyer fils, prise à la clinique de la Faculté de Bordeaux, en 1906, qui fit l'objet de la publication suivante : « Fillette de huit ans, sans antécédents notables, prise brusquement de fièvre, et au bout de deux jours de surdité, de bourdonnements, de vertiges et de vomissements, se produisant à l'occasion du moindre mouvement. La céphalée est intense. Le médecin conclut à une méningite, et au bout de sept jours la résolution se fait brusquement. La surdité est alors totale, le vertige et la marche titubante persistent. Un mois et demi après, on amène la malade à la clinique du professeur Moure, qui constate tous les signes d'une surdité labyrinthique, sans trouver, à l'examen objectif, de symptômes pouvant traduire une affection récente ou ancienne de l'oreille moyenne. Il pose d'une manière catégorique le diagnostic de maladie de Voltolini. »

Le syndrome et l'évolution de cette affection sont, en effet, typiques. Ils se rapprochent, d'ailleurs, particulièrement, de ceux observés dernièrement chez le malade dont l'histoire suit :

OBSERVATION. — G. A..., quinze ans, cultivateur.

Antécédents héréditaires : Rien à signaler.

Antécédents personnels : Congestion pulmonaire à dix ans, sans conséquences. Céphalées assez fréquentes, périodiques, à type migraineux, quelquefois accompagnées de vomissements. Mais l'état général n'est pas mauvais, en dépit d'une insuffisance physique qui interdit les travaux agricoles un peu violents.

Histoire de la maladie : Il y a trois semaines, le malade est pris brusquement, en pleine santé, dans l'après-midi, d'un malaise intense, accompagné d'élévation de température et de céphalée très violente généralisée à tout l'encéphale. Le malade se couche aussitôt ; la température reste élevée et la nuit est très agitée. Dès qu'il s'assied dans son lit, les vertiges apparaissent et sont suivis de vomissements abondants et faciles, plusieurs fois répétés. Le vertige ne persiste pas en position horizontale. Pas de contracture ; motilité parfaite de la tête et des membres inférieurs (renseignements donnés par les parents).

Ces phénomènes aigus s'accompagnent de bourdonnements continus et d'une grosse diminution de l'audition.

Un médecin, appelé le lendemain, pense tout d'abord à une méningite cérébro-spinale, mais devant l'absence de contractures écarte ce diagnostic et fait placer des sangsues sur les mastoïdes.

Les symptômes aigus s'amendent rapidement. La défervescence est brusque, et la convalescence courte. Le malade se lève au bout de huit jours. A ce moment, surdité totale, bilatérale, vertiges encore fréquents, démarche mal assurée. Les vomissements ont cessé, mais les bourdonnements aigus persistent. Le malade est envoyé au bout de trois semaines à la consultation d'O.-R.-L. de la Faculté de médecine de Bordeaux, date à laquelle nous l'examinons :

Habitus extérieur. — Attitude instable. La tête est baissée, le facies est fatigué et hébété, le regard vague. La voix est gutturale, parfois étouffée.

Appareil auditif. — Chronomètre :
Perception cranienne : 0.
Perception aérienne : 0.
(Oreilles droite et gauche).

Diapason ut2 :
Weber : Indifférent.
Rinne : Négatif, très fort, des deux côtés.
Sons aigus : ut4 et Galton = 0.

Perception à distance transmise par les nerfs de la sensibilité générale (avec ut2) : résultat légèrement positif.

Examen otoscopique : Tympans normaux. Rien aux mastoïdes.

Examen vestibulaire : Nystagmus spontané en vision oblique gauche et droite, bilatéral, très intense.

Epreuves stato-cinétiques : Légère instabilité, les yeux fermés, dans la station deux pieds joints.

Marche : Le malade tient les jambes écartées.

Marche avant : Déclanchement labyrinthique à droite, les yeux ouverts et fermés.

Marche arrière : Déclanchement labyrinthique à gauche, les yeux ouverts et fermés.

Station sur pied droit : 1° *Yeux ouverts,* un peu d'instabilité ; 2° *Yeux fermés,* instabilité très nette.

Station sur pied gauche : Instabilité, les yeux fermés.

Examen du système nerveux. — Les sensibilités cutanée et muqueuse sont intactes. Pas d'anesthésie pharyngée.

Réflexes : Rotuliens exagérés ; olécraniens, radiaux, crémastériens normaux ; plantaires, à peine ébauchés.

Les réflexes à la lumière et à l'accommodation sont conservés.

Le réflexe pharyngien est normal.

Aucun trouble de la motilité. Pas de lésion fonctionnelle dans le territoire du facial.

Dépression psychique très accusée, et pusillanimité.

Examen de l'œil. — Acuité visuelle normale. Fonds d'œil, intacts.

Ponction lombaire. — Liquide clair et non hypertendu.

A l'examen chimique, cytologique et bactériologique, rien à signaler.

L'examen des fosses nasales, du cavum et de tous les autres appareils ne révèle rien d'anormal.

CONCLUSIONS

L'analyse de ces symptômes nous permet d'écarter l'hypothèse d'une méningite crrébro-spinale. En effet, la rapidité de l'affection la défervescence brusque, la convalaescence courte et surtout l'absence de contractures et plus tard de troubles des réflexes, permettent d'infirmer toute réaction primitive des meninges. En revanche, vertiges, bourdonnements et surdité, symptômes dominants, constituent la triade de Ménière, pathognomonique d'une lésion de l'oreille interne.

On retrouve donc dans cette observation les caractères mêmes qui ont servi à individualiser la labyrinthite aiguë, type Voltolini, mais leur apparition à un âge relativement avancé en fait surtout sonpr incipal intérêt.

BIBLIOGRAPHIE

ALEXANDER. — Contribution à l'étude de la labyrinthite aiguë (*Monats f. Ohrenheilk.,* Jahr. XLV, Hefte 5).
— La labyrinthite aiguë. Contribution à l'étude clinique du labyrinthe statique (*Arch. internation. de Laryngologie,* 1908, n° 1).
— Etude des labyrinthites aiguës (*Archiv f. Ohrenheilk.,* 1908, vol. LXXV, Hefte 1 à 2).

BOUYER FILS. — Sur un cas de maladie de Voltolini (*Gazette hebdom. des Siences méd. de Bordeaux,* 1906, n° 9).

DE BIASE. — Un cas de labyrinthite aiguë (*Giornale internationale delle Sciences mediche,* Naples, décembre 1876, n° 12).

COMPAIRED. — Deux cas de labyrinthites aiguës infantiles (*Revue de Laryngologie,* 16 mai 1896, n° 20).

FALK. — Labyrinthite séreuse aiguë (*Med. Klinik,* 1911, n° 34, p. 1330).

Fletcher. — Labyrinthite séreuse (*The Journal*, 22 juillet 1911).

Finlay. — Des causes des affections aiguës de l'oreille interne (*Revue de Science med. de la Habana*, 20 mars 1896).

Genta. — A propos d'un cas typique d'inflammation aiguë du labyrinthe. (*Ann. de Laryngologie, de otol.*, vol. I, fasc. I, 1900).

Gorke. — Affections inflammatoires du labyrinthe (*Archiv f. Ohrenheilk*, 1909, Band LXXX, Hefte 1 et 2).

Politzer. — Inflammation labyrinthique (*Klin. therap. Wochens.*, 1911, n° 16).

Sune y Molst. — Labyrinthite aiguë (*Ann. d'otol.*, 1884, n°s 9 à 12).

Yearsley. — Un cas de labyrinthite aiguë (*Arch. of. otol.*, 1907, vol. XXXVI, n° 5).

Grazzi. — Maladies du labyrinthe (R. 42).

1. Contribution à l'Etude du Syndrome de Gradenigo

(*Revue de Laryngologie*, 30 Septembre 1923)

2. Un Cas de Syndrome de Gradenigo

(*Congrès Belge de Laryngologie*, Bruxelles, Juillet 1923)

Le syndrome de Gradenigo (otite moyenne aiguë, douleurs fronto-pariétales et paralysie du VI), isolé par le maître italien en 1904, est relativement assez rare, et sa pathogénie demeure assez obscure malgré les recherches nombreuses qu'il a suscitées. Aussi croyons-nous utile de publier ici l'observation suivante, dont nous pouvons tirer quelque enseignement au double point de vue pathogénique et opératoire :

OBSERVATION. — Madame X..., quarante ans, sans antécédents héréditaires ou personnels notables, si ce n'est une oligurie chronique et des céphalées fréquentes, présente dans la nuit du 27 au 28 février 1923, après un coryza aigu, de violentes douleurs auriculaires gauches. Appelé à 7 heures du matin, je constate un tympan très rouge, très bombé et pulsatile, surtout dans sa partie postérieure. La température est de 38°5. Je fais une paracentèse immédiate. Une sérosité abondante, bientôt remplacée par du pus bleu, puis jaune s'écoule en abondance. L'examen bactériologique pratiqué le lendemain décèle du pneumocoque. Les douleurs et la fièvre disparaissent... Mais, au bout de 10 jours, l'écoulement franchement purulent persiste et des douleurs hémicraniennes gauches, plus spécialement fronton-faciales, avec irradiations cervicales, apparaissent brusquement, assez accusées pour interdire le sommeil. La mastoïde n'est douloureuse ni spontanément, ni à la pression. Le tympan est bombé dans le quadrant postéro-inférieur et la perforation prend l'aspect en « pis de vache ». Une incision cruciale ne donne aucune amélioration. Les névralgies faciales à type paroxystique, nocturne, nous orientent vers le trijumeau et de fait une pyorrhée alvéolo-dentaire et un abcès au niveau de la première grosse molaire gauche, confirment cette nouvelle interprétation étiologique de l'élément douleur, et nous éloignent du rocher. Le sinus maxillaire gauche est sombre, on extrait la première molaire supérieure dont la pulpe est malade et la cocaïnisation du méat moyen gauche provoque à trois reprises un écoulement séreux matutinal très abondant. Mais sinusite et abcès guérissent rapidement, alors que céphalées et névralgies trijémiales persistent de plus en plus violentes. La morphine seule a raison de ces douleurs lancinantes et « rongeantes », selon l'expression de la malade elle-même. L'écoulement auriculaire, rebelle à tout lavage, et récemment mêlé de sang, nous conduit à *l'antrotomie* malgré le « silence mastoïdien ». (Consultation avec le docteur Bar.)

Première intervention, le 8 avril 1923. — Sous anesthésie au chlorure d'éthyle. La corticale externe est dure ; l'antre très petit et fongueux, profond et très antérieur, difficile à trouver. Les groupes des cellules rétro-antrales et sous-antrales sont malades — on découvre un abcès extra-dural sus-antral au niveau de la fosse cérébrale moyenne ; les méninges, mises à nu sur une étendue d'une pièce de 1 franc, sont épaissies et quelque peu fongueuses. Curettage minutieux de toutes les lésions ; fermeture et drainage suivant la méthode Moure.

Le bien-être est immédiat, les céphalées disparaissent et l'état général s'améliore. Mais, au premier pansement et aux suivants, alors que la plaie mastoïdienne donne peu et cicatrise normalement, l'écoulement par le conduit reste très abondant. Ce signe est d'autant plus fâcheux que le tympan est toujours bombé au niveau du quadrant postéro-inférieur. Le pus sort sous pression. Vers le 25 avril, néanmoins, grâce à des lavages fréquents, l'écoulement diminue et se tarit presque — mais les céphalées persistent dans l'hémicrâne gauche et dans la nuit du 29 au 30, elles deviennent intolérables. Je constate au matin une parésie du mot. ocul. ext. — Le syndrome de Gradenigo est donc ébauché. Le lendemain, soixantième jour du début de l'otite, il est installé et complet. En même temps, l'écoulement reprend avec intensité et par le conduit et par la plaie mastoïdienne, dont le processus de cicatrisation s'était arrêté depuis quelques jours et avait fait place à des fongosités. Devant ces symptômes alarmants une consultation a lieu, le 2 mai, avec les docteurs Lemaître et Vandenbossche. Nous pensons à une simple cellulite pétreuse et nous décidons l'élargissement de la brèche opératoire, sans intervention sur la pyramide. Nous voulons limiter les dégâts, confiants que nous sommes aux terminaisons fréquemment heureuses du syndrome de Gradenigo.

Deuxième intervention, le 3 mai 1923. Evidement pétro-mastoïdien. — Antre réduit au cul-de-sac aditus. Découverte des méninges cérébrales moyennes sur une étendue d'une pièce de cinq francs.

Promontoire sain. Drainage large. Le lendemain, la température monte à 40 degrés. Céphalées diffuses et violentes. Pas de signes méningés. Le surlendemain, la température tombe

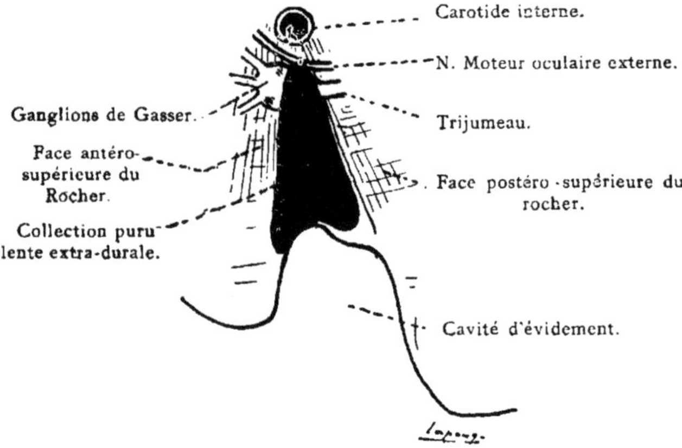

COUPE HORIZONTALE, ROCHER VU D'EN HAUT

à 37 degrés et y demeure. Mais l'état général est mauvais, le moral très bas, l'appétit nul. La malade se plaint d'une douleur persistante, gravative, au niveau de la partie externe de l'arcade sourcilière gauche et de la région frontale gauche. Son pansement est toujours trop serré (signe du Bandeau de Moure). La paralysie du VI est toujours complète. Le 16 mai, la plaie, jusqu'alors très belle, suppure à nouveau. L'écoulement venant du fond de caisse, je pense tout d'abord à une sécrétion tubaire, mais en curettant les bourgeons, je constate que le pus sort goutte à goutte d'une fistule atticale juxta-tubaire. Un stylet pénètre de quelques millimètres en pleine direction cérébrale. Cette constatation troublante nous fait craindre un abcès extra-dural fistulisé dans la caisse et envisager une troisième intervention, d'ailleurs refusée par la famille.

L'examen neurologique ne révèle rien. Pas de signes méningés. Les réflexes sont normaux ; pas de troubles de la sensibilité ; de l'idéation, du langage ; mais l'état général et surtout psychique sont très mauvais. La malade, qui aimait à causer, reste silencieuse ; elle est très triste et n'a qu'une idée fixe : la méningite. La paralysie du VI est toujours complète. Le pouls est instable, il passe sans raison de 80 à 100. Le 26 mai, deux jours après la découverte de la fistule atticale, à 10 heures du matin, la température monte brusquement à 39 degrés. La céphalée redouble de violence, se diffuse à tout le crâne, avec maximum à l'occiput. A 14 heures, 40 degrés, pouls 150. Troubles du langage et la malade entre dans le coma. La nuque est raide, le Kernig est ébauché, la ponction lombaire donne un liquide louche et hypertendu (Pneumocoques rares). Nous entrons dans la *phase méningée*, si long-temps redoutée et par la malade et par nous.

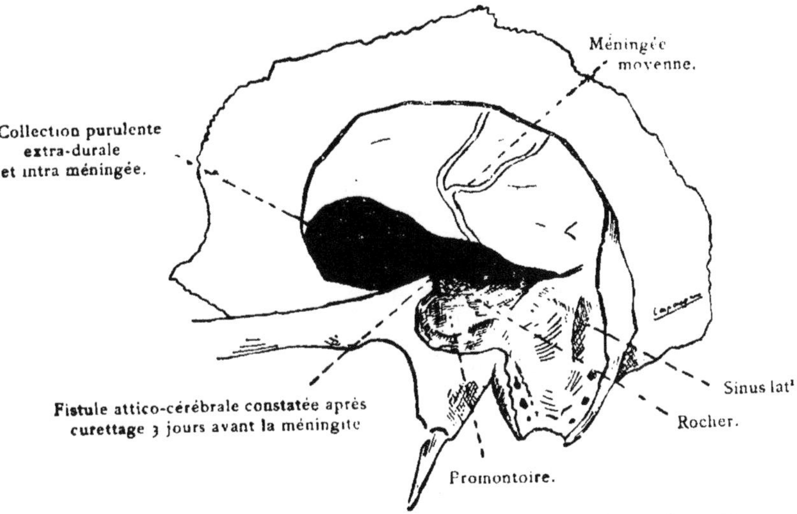

Troisième intervention, à 9 heures du soir. — Craniectomie, la fistule atticale conduit sur un abcès extra-dural, étendu de la pointe du rocher au lobe frontal. Les méninges sont spha-célées en un point. Par ce pertuis dural, la sonde cannelée pénètre et libère une collection subdurale. La face antéro-supérieure du rocher est le siège d'une ostéite en surface. La malade reste dans le coma et meurt le 28 mai, à 5 heures du soir, après avoir présenté du Cheyne-stocks et des secousses musculaires généralisées.

La troisième intervention pratiquée *in extremis*, ayant la valeur d'une autopsie, nous a paru très instructive. Voici comment nous comprenons et expliquons la filiation des lésions.

Otite moyenne aiguë — infections antrale et sous-antrale pro-fondes — en même temps cellulite sus-labyrinthique gagnant d'emblée la pointe du rocher. Cette cellulite dégénère en ostéite qui provoque pachyméningite et abcès extra-dural et dural. Celui-ci, parti de la pointe, gagne peu à peu la région frontale en suivant la face antéro-supérieure du rocher, fistulise dans l'attique, puis dans les espaces interméningés, déclenchant une méningite mortelle. Les névralgies du trijumeau, constatées au début, attribuées à tort à la sinusite et à l'abcès dentaire (la lésion était à l'origine et non à la périphérie), la paralysie du mot. oculaire externe et, enfin, la névral-gie frontale et sourcilière des derniers jours ont jalonné les étapes de cette collection extra-durale. L'éclosion successive de ces sym-tômes situe les progrès du mal dans le temps comme dans l'espace.

CONCLUSIONS

Ce cas typique nous suggère quelques réflexions d'ordre patho-génique et pronostique. Il existe vraisemblablement deux formes différentes du syndrome de Gradenigo. L'une bénigne, fréquente, l'autre maligne, presque toujours mortelle.

A ces deux formes doivent répondre deux lésions pétreuses et méningées différentes.

Une simple cellulite pétreuse et une simple congestion méningée (chémosis méningé des neurologistes) sont probablement responsables du syndrome bénin, où tout rentre dans l'ordre plus ou moins rapidement.

Par contre, ostéite proprement dite de la face antéro-supérieure du rocher et de la pointe, un abcès extra-dural ou interméningé, sont les lésions probables du syndrome malin.

La première forme implique un drainage large de la caisse et de l'antre. La deuxième, au contraire, réclame l'intervention pétreuse. Découverte des méninges de la fosse cérébrale moyenne, de la face antérieure du rocher et de la pointe, en sont les étapes nécessaires. Les différentes voies de « névrotomie rétro-gasserienne », de Sebileau, de Brockaert et de Beule sont les moyens les plus sûrs d'arriver au but. Ces interventions sont très difficiles et très périlleuses, aussi ne faut-il les tenter que si l'on est presque certain de découvrir l'abcès de la pointe. Celui-ci, malheureusement, est bien souvent silencieux et, pour le dépister, il faut être attentif aux moindres signes, suivre le malade de très près et attacher une grande valeur aux modifications de l'état général, du caractère et de l'intelligence.

En résumé, au cours d'un syndrome de Gradenigo, si après un drainage de la caisse et de l'antre, l'écoulement persiste très abondant, si la paralysie du VI reste complète, si les douleurs au lieu de s'amender s'accusent, si le malade enfin maigrit et s'attriste, si son pouls est instable, à plus forte raison si nous constatons une fistule de l'attique ou du promontoire, nous devons soupçonner un abcès extra-dural compliquant la lésion pétreuse.

Alors, il faut agir, rapidement et le plus largement possible.

Trépanation Mastoïdienne chez le Nourrisson et l'Enfant

(Communication faite au Congrès O.R.L., Français 1925)

Au dernier Congrès, le docteur Le Mée attirait notre attention sur la gravité de la trépanation mastoïdienne chez le nourrisson et dans la première enfance. Il demandait à chacun d'entre nous d'apporter cette année une contribution personnelle à cette question, qui ne laisse pas d'être fort intéressante.

J'ai eu l'occasion d'observer et de traiter au cours de cet hiver plusieurs otites de l'enfance, compliquées ou non de lésions mastoïdiennes qui m'ont obligé à intervenir.

En dépit de leur pronostic sévère, nous avons eu la chance d'amener à guérison nos petits malades, probablement en raison de la précocité et du diagnostic et de l'opération. Voici, entre autres, trois observations typiques dont nous pourrons tirer quelque enseignement aux points de vue pronostique et chirurgical.

OBSERVATION I. — Le 6 janvier, je suis appelé par le docteur Duplay auprès d'un petit malade, P..., onze mois, qui présente depuis la veille une température de 39°5, avec prostration extrême sans symptômes pulmonaire ou intestinal, mais chaque fois qu'on approche de son oreille gauche, le bébé se recule effrayé et pousse un cri.

A signaler dans les antécédents héréditaires une mastoïdite opérée à trois ans chez la maman et une mastoïdite compliquée d'une méningite mortelle chez la tante directe.

A l'examen, nous constatons un tympan gauche très sombre, légèrement bombé, une douleur manifeste à l'antre que le petit malade accuse par des pleurs violents. Température 39°5. Somnolence ; rien à la gorge ; coryza depuis trois jours. Nous décidons une paracenthèse immédiate : celle-ci, large et cruciale, donne issue à du pus franc, épais, abondant. Nous attirons votre attention sur la résistance et l'épaisseur du tympan, qui paraît infiltré. La nuit est meilleure, le bébé dort et prend son biberon. L'écoulement auriculaire est abondant, continu, mais le soir la température remonte à 40 degrés et le petit malade est à nouveau très prostré. Sur l'insistance du docteur Duplay, pédiatre distingué, nous décidons l'intervention immédiate, qui a lieu à 9 heures du soir le 8 janvier. Anesthésie sous chloroforme ; assistance des docteurs Duplay et Destres.

Au premier coup de gouge, issue abondante de pus franc.

Toute la mastoïde est purulente ; l'antre, large, est soigneusement cureté. Mise à nu d'un très léger secteur méningé du côté du toit ; découverte du sinus latéral : la mastoïde est enlevée presque entièrement : drain et suture.

L'enfant a supporté parfaitement le chloroforme. La nuit est très agitée ; le petit malade présente vers minuit une recrudescence de température : le lendemain matin, celle-ci tombe à 37°6. Les suites opératoires sont normales et la plaie est fermée trois semaines après.

OBS. II. — Le 10 mars 1925, je suis appelé par le docteur Chatenoud auprès d'un petit Hindou de neuf mois, jumeau, péniblement élevé, qui présente depuis trois jours une température variant entre 39 et 40 degrés. L'examen général décèle une légère raideur de la nuque sans autre localisation.

Le petit malade présente des tympans très sombres, à peine bombés. Température 40 degrés ; somnolence coupée de cris.

2

Pas de symptômes objectifs mastoïdiens. Paracenthèse double immédiate : pus très épais, s'évacuant difficilement.

La température baisse à 39 degrés et l'enfant dort.

Le lendemain, l'amélioration fugace de la veille ne tient pas ; la température remonte à 40 degrés ; la raideur de la nuque persiste, ainsi que la prostration ; un léger œdème mastoïdien bilatéral apparaît ; le diagnostic de lésion mastoïdienne s'impose et nous conseillons l'intervention bilatérale immédiate. Le docteur Thomas, appelé en consultation, confirme le tout.

Opération le 11 mars, à 6 heures du soir ; assistance du docteur Bardon ; anesthésie sous chloroforme. Trépanation double, pus dans les deux antres, qui sont vastes et fongueux. A gauche, abcès extradural circonscrit ; les méninges paraissent saines. En raison de la réaction méningée, on laisse largement ouvert. Le petit malade est resté trois quarts d'heure sous le chloroforme sans incident. A minuit, la température s'élève à 41°5 ; le bébé présente une pâleur impressionnante.

Le lendemain matin, 40 degrés ; le soir, 39 degrés. L'enfant repose ; puis la température baisse progressivement et la guérison des deux côtés est totale au bout d'un mois. Le petit malade a présenté pendant quelques jours une température à type inverse.

Obs. III. — Le 2 avril, je suis appelé par le docteur Carcopino auprès d'un enfant de huit mois qui présente, à la suite d'une broncho-pneumonie guérie, une recrudescence de température, une réaction méningée et un écoulement séro-purulent récent de l'oreille gauche. Le tympan est perforé dans son quadrant antéro-inférieur et un examen très attentif de la mastoïde la révèle douloureuse. L'intervention est décidée pour le lendemain.

Anesthésie sous chloroforme; assistance du docteur Carcopino. Pus dans l'antre, ouverture large ; découverte des méninges au niveau du toit de l'antre ; drain et fermeture.

Le soir, la température remonte à 40°5 et l'enfant est dans un état inquiétant ; nuit mauvaise, mais le lendemain matin la température tombe à 36 degrés pour remonter le soir à 40 degrés.

Ces oscillations thermiques sont vraisemblablement liées à un foyer broncho-pneumonique nouvellement apparu. Elles persistent pendant quelques jours et ne sont point sans nous troubler. Puis les phénomènes s'améliorent peu à peu et l'enfant cicatrise complètement sa plaie au bout de deux mois.

CONCLUSIONS

En face des échecs signalés, nous apportons trois guérisons qui n'ont point la prétention d'enlever à la trépanation mastoïdienne du nourrisson son caractère de gravité, mais qui nous autorisent à tenir la précocité opératoire pour le facteur essentiel de succès.

L'évolution du mal chez nos trois petits malades confirme, d'ailleurs, les opinions du docteur Le Mée. Pour avoir atteint la guérison, ces derniers n'en ont pas moins présenté des symtômes postopératoires immédiats très inquiétants, qui nous ont fait croire un instant à une issue fatale. L'hyperthermine excessive, la pâleur impressionnante de la face et la défaillance du pouls en étaient les plus saillants. Nos trois nourrissons, endormis au cloroforme, l'ont parfaitement supporté. Il nous faut donc éliminer la responsabilité de cet anesthésique dans les morts rapides. Aussi bien ne pouvons-nous incriminer le traumatisme opératoire : l'intervention que nous avons pratiquée fut toujours très large, découvrant méninges et sinus. Nous avons suivi les lésions (groupes de cellules pré-, sus- et sous-antrales), qui nous ont obligé à une véritable mastoïdectomie, du moins dans la zone supérieure. Mais dès la corticale enlevée, nous avons lâché gouge et maillet pour ne plus les reprendre : la curette seule a joué. Les phénomènes inquiétants qu'ont présentés nos opérés ne relèvent-ils point du *shock tox que* signalé par Quénu, Delbet et Pierre Duval, et la garantie du succès n'est-elle point dans la précocité opératoire qui détruit l'infection avant sa diffusion et son pouvoir toxique ? Telles sont les questions que nous vous soumettons et que votre expérience vous permettra de résoudre.

Un Cas d'Eclampsie otitique du Nourrisson

(Communication à la *Société Oto-Neuro-Oculistique Sud-Est de Nice* - Novembre 1925)

Ce n'est point une notion nouvelle que celle des réactions méningo-ancéphaliques d'ordre auriculaire et depuis *Trousseau*, nombre d'auteurs ont signalé les phénomènes convulsifs otogènes du nourrisson et de l'enfant. Mais, en parcourant la littérature médicale, on constate que si les convulsions localisées sont relativement fréquentes au cours des otites, l'éclampsie généralisée est exceptionnelle. Aussi croyons-nous intéressant de vous apporter aujourd'hui un cas typique, suivi avec minutie grâce à la symbiose pediatre-spécialiste. En voici l'histoire :

Le jeune B. Marcel, 11 mois, ne présente aucun antécédent personnel ou héréditaire pathologique.

Le 19 mars 1925, le docteur Duplay est appelé d'urgence à 4 heures du matin, auprès de ce beau bébé qu'entoure une famille épouvantée ; il somnole, pâle, brûlant, inerte, et vient de présenter brutalement des phénomènes convulsifs intenses, des attitudes effrayantes, une apparence de mort prochaine pour la mère affolée.

La température atteint 40°,5. L'examen du petit malade est indolore et complètement négatif. On prescrit la thérapeutique d'urgence habituelle.

Entre 7 et 8 heures, l'enfant a deux ou trois crises convulsives d'intensité moyenne. Le docteur Duplay, averti du rôle primordial de l'oreille dans la pathologie du nourrisson, donne un coup d'œil aux tympans. Il constate une modification d'aspect à gauche et demande à la famille de faire appel à l'otologiste.

J'examine l'enfant à 9 h. 30. Le tympan droit est normal. Le tympan gauche présente les modifications suivantes : Le segment supérieur est de teinte plus rose, l'apophyse du marteau est respectée, mais le reste de la membrane est uniformément grisâtre, paraît infiltrée, est terne et plombée. Elle ne bombe pas, ce qui nous fait surseoir à la paracentèse et instituer le traitement phéniqué adrinaliné classique. Dans la journée, l'état s'améliore — pas d'ébauche convulsive — température du soir, 38°.

Le 20 mars, à 2 heures du matin, le docteur Duplay est appelé d'urgence et assiste à une série de crises convulsives typiques, généralisées, véritable éclampsie. La symptomatologie est au complet. Phase tonique et phase clonique se succèdent. L'enfant est pâle, ses yeux se convulsent en haut, il fait *les yeux blancs*. Ceux-ci convergent également en dedans en un strabisme très marqué. La tête est rejetée en arrière, le corps est raide, la face se contracte, les mâ-

choires sont serrées, la respiration se suspend et l'enfant est figé.
Puis les convulsions classiques apparaissent, les globes oculaires
s'agitent en tous sens, la face grimace affreusement, les dents grincent. Les membres sont animés de secousses brèves, la respiration
est rauque et saccadée, les lèvres bleuissent, l'enfant paraît s'asphyxier... Les phénomènes s'amendent et tout rentre dans l'ordre pour
peu de temps. Les crises se succèdent et nous nous trouvons en présence d'un véritable état de mal éclamptique (status éclampticus)
qui ne laisse pas d'être fort inquiétant.

À 8 heures, j'examine à nouveau les tympans. La coloration ne
s'est pas modifiée à gauche, et je pratique une large paracentèse. Le
tympan est épaissi et dur, du pus et du sang sortent sous pression.

Le petit malade s'endort et passe une journée très calme, sans
crises. Mais il est très pâle. Température 38°. La nuit est très bonne,
mais le lendemain, dès 8 heures, l'agitation réapparaît, avec plaintes
et crises larvées. Température 39° 5. L'écoulement otitique gauche
est à peu près tari. Le tympan droit est normal. Le gauche s'est
fermé, et présente toujours le même aspect, ce qui m'oblige à une
nouvelle paracentèse. Un écoulement séro-purulent se rétablit et
l'état général s'améliore incontinent. Journée calme, température
38°. L'enfant a faim et reprend sa gaieté.

22 mars. Température 37°,5. Tout va bien et rien ne laisse prévoir la reprise qui se produit dans la nuit suivante.

23 mars. Quelques convulsions s'ébauchent ; la température monte à 39°. l'aspect est mauvais. L'examen général ne décèle rien mais
le tympan droit a changé d'aspect ; il prend la teinte plombée, grisâtre, infiltrée du gauche ; et bombe légèrement dans sa partie postéro-
supérieure. Je fais une paracentèse immédiate, écoulement séro-pu-
rulant peu abondant.

Les phénomènes méningo-encéphaliques cèdent ainsi que la
température ; tout rentre progressivement dans l'ordre et la guérison est l'affaire de quelques jours. Nous avons revu l'enfant ces
jours-ci, il est en parfaite santé.

Ainsi, messieurs, nous nous trouvons en présence d'un nourrisson, atteint d'éclampsie généralisée typique, dont les crises ne
cèdent qu'à la paracentèse tympanique. Les convulsions reprennent
dès que l'écoulement se révèle insuffisant ; il y a relation de cause à
effet indiscutable entre l'état auriculaire et l'état méningé. Quelle
en est l'étiologie ? Nous sommes dans l'hypothèse, mais on peut
songer sans imprudence à une déhiscence congénitale, osseuse du
tegmen, mettant en relation directe la dure mère et l'infection endo-
tympanique.

Aussi bien pouvons-nous tirer de cette observation, dont vous
voudrez bien excuser la longueur et la minutie nécessaires, quelque
enseignement thérapeutique. Devant des phénomèmes convulsifs,
l'examen des tympans s'impose. Point n'est besoin qu'il bombe ou
qu'il soit d'un rouge vif. Une teinte sombre, plombée et un aspect

infiltrée, autorisé ou mieux encore commande la paracentèse. Vous traverserez sûrement une membrane épaissie, infiltrée, résistante et vous libérerez le pus, responsable du mal.

Le temps est déjà loin où l'on chargeait les dents, les vers et l'intestin de ces méfaits encéphaliques dont on soignait les seuls symptômes. Aujourd'hui, l'éclampsie trahit une infection... et chez les nourrissons l'oreille est la grande coupable. Nous devons y penser toujours... ne point différer une paracentèse qui n'a d'autre inconvénient que celui d'effrayer la famille... Ainsi, nous préviendrons des accidents plus graves... témoin le cas que je viens de vous rapporter.

Les Oto-Mastoïdites du Nourrisson et de l'Enfant

Les publications de ces dernières années sur la pathologie auriculaire infantile vous ont sans doute initiés au sujet que j'aborde aujourd'hui devant vous. Je sais bien qu'il fait partie de la spécialité et je m'en excuse, mais, si j'ose dire, il naît chez vos malades et vous revient beaucoup plus qu'à nous. Permettez-moi d'insister, ce soir, sur la fréquence et l'importance de ces inflammations aiguës ou subaiguës, flagrantes ou latentes, de la caisse tympanique du nourrisson et de l'enfant, phénomènes infectieux qui volontiers sont méconnus, emportant chaque année un nombre considérable de petits malades.

Rendons hommage à Maurice Renaud, Le Mée, Rendu, Leroux Robert qui, les premiers, ont attiré votre attention sur l'oreille du nourrisson et de l'enfant. Depuis leurs premiers travaux, relativement récents, puisqu'ils datent de 5 ans, médecins, pédiastres et spécialistes ont, chacun de leur côté, poussé leurs recherches, si bien qu'à l'heure actuelle, après une mise au point parfaite au Congrès d'Otologie de 1926, la cause est presque entendue. Je dis presque, car si la plupart d'entre nous voient dans l'otite moyenne, la broncho-pneumonie et la gastro-entérite le trépied pathologique funeste au nourrisson et à l'enfant, un certain nombre encore, et non des moindres, se refuse à donner aux oreilles une telle importance. Nous ne pouvons que le regretter. Grâce à mes confrères Duplay, Carcopino, Chatenoud, Liotard, Mazet et Toesca, j'ai eu l'occasion, j'allais dire la chance, d'examiner un nombre assez élevé de tympans normaux, suspects et malades. Je suis intervenu fréquemment et ce sont les résultats de cette expérience que je vous apporte aujourd'hui.

Permettez-moi quelques rappels anatomiques : la caisse du nouveau-né est semblable à celle de l'adulte et le bouchon gélatineux de Troïlsell qui d'ailleurs n'est autre qu'une infiltration œdémateuse de la muqueuse tympanique, se résorbe dès les premières heures respiratoires. Le conduit auditif externe du nourrisson et de l'enfant en bas âge est fortement oblique en bas et en avant. Il est presque totalement membraneux, le conduit osseux ne se développant quà partir d'un an. Les dimensions du tympan infantile se rapprochent de celles du tympan adulte. Son cadre osseux présente à sa partie supérieure une solution de continuité, l'échancrure de Rivinus,, qui joue vraisemblablement un rôle dans l'étiopathogénie tympanique de certaines péroistites mastoïdiennes. Le tympan du nouveau-né se rapproche de l'horizontole et prolonge

la paroi supérieure du conduit. Cela n'est point pour faciliter l'oto-
scopie. Au bout de quelques mois, en général 4 ou 5, il commence
à se redresser et n'atteint sa position définitive qu'à 3 ans. Vous
sisissez, Messieurs, l'importance de ces détails anatomique, dans
l'examen tympanique du nourrisson. Ils sont la source de grosses
difficultés, capables de décourager le débutant ou d'égarer le
diagnostic.

Le tympan du nouveau-né est plus épais que celui de l'adulte :
il résiste à la poussée endo-tympanique et favorise ainsi les infections latentes. La trompe d'Eustache est large et courte, presque
entièrement cartilagineuse, et le bourrelet tubaire, qui constitue
chez l'adulte une digue de protection, ne prend un relief véritable
que vers l'âge de 4 ans. L'aditus ad antrum est large et bref, il
s'évase pour former l'antre, plus ou moins développé, suivant les
sujets, peu de cellules mastoïdiennes, mais ce n'est point la règle,
puisque, dans un cas personnel, j'ai dû, chez un enfant d'un an,
évider tout le bloc mastoïdien, formé de groupes cellulaires supé-
rieurs, postérieurs et inférieurs, encerclant un antre relativement
petit. Excusez tous ces détails anatomiques, mais ils sont l'âme de
cette communication, car ils éclairent la pathogénie, la symptomatologie et la thérapeutique des lésions auriculaires du nourrisson
et de l'enfant. L'oreille du bébé s'infecte par voie mécanique, le
décubitus dorsal favorisant la progression des sécrétions muco-
purulentes rhino-pharyngées vers la trompe, par rupture d'équilibre entre la pression du cavum et celle de la caisse, sous l'influence
des cris et des vomissements.

C'est là une explication des plus logiques, et l'on ne voit pas
pourquoi des esprits chagrins se sont élevés contre une pathogénie
semblable qui relève du bon sens même. Mentionnons simplement
l'infection par voie sanguine ou lymphatique. Elle est d'ordre théo-
rique beaucoup plus que pratique. Deux mots sur l'anatomie pathologique de l'oreille du nouveau-né ; c'est un sujet que Girard, de
Paris, a remarquablement traité ; examinant 74 temporaux d'enfants décédés dans le service de Maurice Renaud, 46 ont été trouvés
malades. Mis à notre disposition au Congrès d'Otologie, voici ce
que nous avons constaté : une sécrétion nettement purulente inon-
dait la caisse, l'aditus et l'antre ; la muqueuse et le périoste étaient
attaqués et l'ostéite ne respectait en général que la corticale interne
de la mastoïde du côté du cervelet. L'écaille temporale était presque toujours atteinte. Sur les 5 coupes histopathologiques que
Girard a bien voulu nous faire étudier, les lésions précédentes se
vérifiaient entièrement.

Ces temporaux avaient été prélevés sur des bébés décédés d'accidents gastro-intestinaux, pulmonaires, ou méningés, sans que
l'attention du pédiastre ait été attirée du côté des oreilles, et
« *pourtant, l'examen pathologique macro et microscopique autori-*

sait, d'après Gérard, à apprécier que l'oreille de ces enfants avait été, durant la vie, le siège d'une suppuration très accusée. »

L'élément microbien des otites de l'enfant est le pneumocoque. Cela n'est pas pour vous surprendre, vous savez qu'il est l'hôte constant du cavum de l'enfant.

Il serait intéressant, messieurs, d'étudier en détail toute la symptomatologie des otites de l'enfant, mais cela nous entraînerait beaucoup trop loin. Permettez-moi toutefois de vous rappeler la forme banale de l'otite moyenne aiguë et de consacrer quelques minutes de plus à la forme latente, peut-être plus fréquente, en tout cas plus dangereuse. Avec elle, surtout, il me serait agréable de vous familiariser.

L'otite moyenne aiguë suppurée du nourrisson et du jeune enfant se manifeste par quatre symptômes : les cris périodiques, la douleur provoquée sur le tragus ou la mastoïde, la rougeur du tympan et la température. Ces signes sont presque infaillibles. L'otite peut être essentielle, ou suivre une infestion rhino-pharyngée et pulmonaire. Une fièvre éruptive (rougeole, scarlatine) la peut déclancher. L'évolution est ordinairement des plus simples. Lorsqu'on passe à côté du diagnostic, le tympan cède spontanément, un peu de sérosité apparaît à l'orifice du conduit après une nuit d'insomnie et tout rentre dans l'ordre. Cette forme bénigne et fréquente échappe au spécialiste, parce que fugace et souvent méconnue de l'entourage du bébé. Celui-ci n'a point dormi à cause des poussées dentaires ; ainsi l'explique la maman, et bien souvent aussi le médecin qui n'a point vu les mouvements constant du petit bras vers l'oreille ou la sérosité qui souille le tragus.

L'otite moyenne aiguë peut être plus conséquente, un écoulement purulent persiste quelques jours. C'est la forme que vous connaissez. Je ne fais que la signaler.

Plus intéressante, mais aussi beaucoup plus grave est la forme dite latente. Le Mée la définit ainsi : « Collection purulente de la caisse qui ne se manifeste par aucun des signes fonctionnels habituels et dont seuls les signes physiques permettent le diagnostic. C'est une otite cachée qui ne se révèle que par la notion de fréquence que tout médecin doit avoir à l'esprit. »

Nous préférons la définition de notre ami Labernadie, au nom de l'école Lubet-Barbon : « L'otite latente est une forme dans laquelle l'enfant n'indique pas, faute de moyens d'expression, de symptômes du côté des oreilles, mais chez lequel la symptômatologie générale suggère au médecin ou au pédiatre l'idée de faire appel au spécialiste pour éliminer une cause possible d'accidents infectieux d'ordre général. »

Sa fréquence est grande. Je sais bien que, spécialiste, j'ai le défaut d'attribuer à ma spécialité une importance peut-être exagérée, mais, pourtant, on ne saurait nier les résultats vraiment surprenants de simples paracentècées, j'en appelle aux confrères pédiatres que j'ai cités plus haut. Tandis que l'otite moyenne aiguë banale, et dont l'intérêt est relatif, évolue en quelques jours, voire même en quelques heures, l'otite latente tend à la chronicité. Je m'explique. Elle n'est pas à grand fracas ; je ne la crois pas très douloureuse ; le tympan ne cède pas, mais la moussée qu'il subit se fait lentement. Il y a, semble-t-il, accoutumance locale.

La température, l'amaigrissement, les plaintes plutôt que les cris, la pâleur de la face en sont les symptômes constants. L'enfant porte sa main à l'oreille malade, il mâchonne et quelquefois grince des dents. Les nuits sont mauvaises, les vomissements fréquents. Enfin, et ce signe est important, le nourrisson ne tête pas le sein du côté de son otite. C'est le signe de la succion contro-latérale. Le rhino-pharynx participe à l'infection : le petit malade respire mal, ronfle, éternue, son nez et son cavum sécrètent abondamment. Mais tous ces symptômes sont loin d'apporter la certitude de l'examen otoscopique qui doit primer tout et qui commande le traitement. Il n'est point toujours facile chez le nourrisson et l'enfant. Les conduits sont étroits, souvent eczémateux. Les tympans de cet âge s'éclairent mal et le quadrant antéro-supérieur échappe à l'examen. Nous reconnaissons volontiers qu'il faut une grande habitude pour les voir et les lire. La technique est assez délicate ; voici la plus commode : l'enfant, assis sur les genoux de l'aide, est maintenu solidement. Le spéculum, petit modèle, doit jouer parfaitement dans le conduit. Pour redresser celui-ci, il faut, contrairement à la manœuvre employée chez l'adulte, exercer une traction inférieure sur le pavillon de l'oreille. On dégage ainsi l'image tympanique. A l'état normal, celle-ci est moins brillante que celle de l'adulte. Le triangle lumineux manque souvent, et la circonférence présente un halo rose qui, dans la zone postéro-supérieure, empiète largement sur le tympan et volontiers se fonce. La membrane de Schrapnell est plus étendue que celle de l'adulte, toutes proportions gardées. Un tympan de nourrisson est dit pathologique :

1° Quand il est uniformément rouge et bombé. C'est l'expression d'une otite moyenne aiguë banale, la forme étudiée plus haut.

2° Quand le quadrant postéro-supérieur est saillant et plus rouge qu'à l'état normal.

3° Quand la membrane est uniformément plombée, d'aspect infiltré, plus ou moins recouverte d'un exsudat qu'on a comparé à du givre. Ce sont ces dernières images qu'on rencontre surtout dans l'otite latente. C'est en somme un stade avancé de l'otite aiguë méconnue ; le tympan épais et résistant s'est laissé infiltrer, il a perdu ses reflets, prend parfois une teinte jaunâtre, avec un semis de phlyctènes minuscules ; le manche du marteau disparaît. Ces détails n'échappent point à un œil averti. La loupe nous est d'ailleurs d'un grand secours, et je ne saurais trop la conseiller.

Messieurs, il y a, semble-t-il, quelque paradoxe à prêter à l'otite latente, otite sans symptômes, pour certains spécialistes, des formes cliniques. Et pourtant, pour ceux qui, comme nous, devant des phénomènes généraux inexpliqués, ne manquent pas de recommander l'examen des oreilles et de procéder à cet examen, l'otite latente qui n'est, en somme d'après Rendu, qu'une otite aiguë non diagnostiquée au début, se manifeste par plusieurs symptômes que voici :

1° La forme fébrile : une température continue, à grandes oscillations à clochers ou intermittentes, s'installe progressivement et ne cède qu'à la paracentèse du tympan.

2° La forme hypothrepsique : l'amaigrissement rapide, sans cause apparente, des troubles intestinaux secondaires, alors que l'appétit est conservé, sont les principaux symptômes. Si l'on n'intervient pas sur les oreilles, le petit malade décède au milieu de manifestation ataxo-adynamiques.

3° La forme gastro-intestinale : elle touche à la précédente ; mais les troubles gastro-intestinaux dominent la scène. Les vomissements et la diarrhée symptômatique ne cèdent qu'à l'ouverture spontanée ou artificielle du tympan.

4° La forme pulmonaire : elle est très fréquente. Les localisations auriculaires et pulmonaires se suivent, quelquefois sont simultanées. Il y a, semble-t-il, une sorte de balance entre les phénomènes otitiques et broncho-pneumoniques ; ceux-ci s'amendent dès que l'oreille coule ; il y a distraction des localisations thoraciques vers les cavités tympaniques.

5° La forme convulsive : fréquente et méconnue. Ce n'est point une notion nouvelle que celle des réactions convulsives localisées, d'ordre auriculaire chez le nourrisson ou l'enfant, mais l'éclampsie généralisée est peu signalée dans la littérature. J'ai pu en observer deux cas intéressants avec mes confrères Duplay et Carcopino. Les crises ne cédaient qu'à la paracentèse tympanique. Elles reprenaient dès que l'écoulement se révélait insuffisant. D'où relation de cause à effet indiscutable entre l'état auriculaire et l'état méningé. Devant des phénomènes convulsifs, l'examen des tympans s'impose. Point n'est besoin qu'il tombe ou qu'il soit rouge vif pour entraîner la paracentèse ; une teinte sombre, plombée, un aspect infiltré l'autorise ou, mieux, le commande. Vous traverserez sûrement une membrane épaissie et vous libérerez le pus responsable du mal. Le temps est déjà loin où l'on chargeait les dents, les vers et l'intestin de ces méfaits encéphaliques dont on soignait les seuls symptômes. Aujourd'hui, les crises répétées avec température, trahissent une infection, et, chez le nourrisson, l'oreille est la grande coupable. Nous devons y penser toujours et ne pas différer une paracentèse qui n'a d'autre inconvénient que celui d'effrayer quelque peu la famille. D'ailleurs, le mot l'effarouche, mais l'intervention la rassure.

6° La forme méningée : un nourrisson a une ébauche de Kernig, sa température se maintient élevée et son sommeil n'est qu'une longue plainte. Si le tympan cède spontanément, tout rentre immédiatement dans l'ordre : s'il résiste ou si l'on oublie de l'interroger, la maladie a de fortes chances d'évoluer, et d'emporter l'enfant. On a diagnostiqué la méningite et méconnu la cause.

Je viens, Messieurs, de rappeler les formes de l'otite.

Deux mots maintenant sur ses complications. La plus fréquente est la mastoïdite, et, avec elle, tous les désastres qu'elle est capable d'engendrer : méningite, abcès du cerveau, thrombo-phlébites, etc. L'antrite du nourrisson est vraisemblablement la règle dans l'otite, en raison de l'abouchement direct de l'antre dans un vaste aditus et, partant, dans la caisse. Il y a, dans ce cas, simple emphysème sans otite ; et si le tympan, largement ouvert, assure un bon drainage, la trépanation doit être écartée. Mais l'emphysème appelle l'ostéite, et j'ai toujours devant les yeux les 46 petits temporaux que Girard nous montrait l'année dernière. Les lésions osseuses étaient typiques microscopiquement et histologiquement. Les quelques groupes de cellules périantrales et la squame étaient fongueuses et purulentes. Une guérison spontanée était impossible.

La symptômatologie de la mastoïdite du nourrisson et de l'enfant est loin d'être toujours très nette ; je ne parle pas de ces grosses tuméfactions sus et rétroauriculaires, où la périostite, traduisant l'ostéite, permet à un étudiant de première année de faire le diagnostic, mais bien plutôt des formes masquées, latentes. L'indication opératoire n'est pas toujours facile, j'en appelle à mes confrères spécialistes. A notre avis, si, après paracentèse large, un nourrisson ou un enfant, dont l'oreille suppure depuis quelque temps, réagit du côté mastoïdien par une douleur provoquée, présente une température élevée, ne dort pas et se plaint constamment, en un mot inquiète le médecin et la famille par des phénomènes généraux qu'aucune autre localisation n'explique, on doit trépaner. Nous discuterons, tout à l'heure, de la gravité de cette intervention.

Le traitement de l'otite moyenne, aiguë ou latente, du nourrisson et de l'enfant est, au début, tout entier dans la paracentèse, aussi large que possible. Compter sur la glycérine phéniquée pour détruire une sécrétion purulente de la caisse est un leurre, bien plus, c'est une faute impardonnable à tout spécialiste.

Il faut ouvrir le tympan. L'incision linéaire postérieure est la manœuvre de choix. Je la fais souvent cruciale, en vue d'un drainage rapide et parfait. La technique est fort simple ; pas d'anesthésie chez le nourrisson, mais un nettoyage à l'alcool du conduit auditif. Chez l'enfant, un tampon d'ouate, imbibé de Bonain, et placé 10 minutes au contact du tympan, écarte la douleur. L'incision fait le diagnostic. Si vous éprouvez quelque résistance au contact de la membrane, c'est qu'elle est infiltrée et la caisse est malade. Une sérosité louche, souvent du pus franc, souille votre stylet, et l'écoulement s'établit, cependant que l'enfant, jusque là agité, s'endort profondément.

Eh bien, Messieurs, cette petite intervention qui, faite aseptiquement et correctement, équivaut à une injection sous-cutanée, a contre elle un nombre respectable d'adversaires. On se demande pourquoi : on l'accuse de provoquer l'infection de la caisse ; celle-ci s'infecte par le rhino-pharynx et non par le conduit. Aussi bien, la pratique quotidienne, sur laquelle, j'imagine, on peut se reposer, n'est point de nature à justifier semblable crainte et si ce soir, Messieurs, j'ai pu vous convaincre de l'innocuité de cette manœuvre, j'en serais particulièrement heureux.

Le tympan ouvert, tout doit rentrer dans l'ordre assez rapidement. Si les phénomènes généraux persistent, ainsi que l'écoulement auriculaire et si la mastoïde réagit, bref, si la mastoïdite se confirme, vous savez qu'il faut aller plus avant. Nous touchons alors au point « névralgique » de la question : la trépanation mastoïdienne du nourrisson. Ce n'est point de gaieté de cœur qu'on pratique une intervention aussi sérieuse sur un organisme fragile, débilité et infecté. Si l'on en croit les spécialistes autorisés comme Le Mée, Canuyt et Moreau, elle est capable de précipiter l'échéance fatale... Et le drame se déroule ainsi : une heure ou deux après l'opération, un trépied symptomatique s'installe brutalement : dyspnée, tachycardie, hyperthermie excessive. Ensuite la pâleur, bientôt chassée par la cyanose, et la mort dans les vingt-quatre heures, au milieu de phénomènes ataxo-adynamiques.

En vain on a cherché la pathogénie de ces catastrophes qui ne laissent pas d'être troublantes pour le chirurgien. On a, tour à tour, incriminé la narcose générale, le shock opératoire, le thymus. Il est probable que ces facteurs ont chacun leur part de responsabilité, mais aucun ne saurait vraiment se dégager.

En face de ces échecs répétés, j'apporte les résultats suivants : sur 6 trépanations mastoïdiennes de nourrissons, 1 décès. Celui que j'ai perdu présentait, avant l'intervention, une réaction méningée. Assisté du docteur Toesca, son médecin traitant, j'étais intervenu sous anesthésie locale pour écarter le danger du chloroforme. La mort a suivi de deux heures la trépanation.

Ces résultats chirurgicaux ne sont point pour enlever à la trépanation mastoïdienne du nourrisson et de l'enfant son caractère de gravité, mais ils nous autorisent à tenir la précocité opératoire pour le facteur essentiel du succès.

La réaction post-opératoire de chacun de nos petits malades confirme, d'ailleurs, les opinions de Le Mée et de Canuyt.

Pour avoir atteint la guérison, ils n'en ont pas moins présenté, après trépanation, des symptômes immédiats très inquiétants qui nous ont fait croire un instant à une issue fatale. Les quatre bébés endormis au chloroforme l'on parfaitement supporté. Celui que nous avons perdu avait été opéré sous chlorure d'éthyle local. Il nous faut donc éliminer la responsabilité du chloroforme dans les morts rapides. Aussi bien ne pouvons-nous accuser le traumatisme opératoire ; l'intervention que nous avons pratiquée fut toujours très large, découvrant parfois méninges et sinus. Nous avons suivi de lésion (groupe de cellules pro, sus et sous antrales) qui nous ont obligés à une véritable mastoïdectomie, du moins dans la zone supérieure. Mais dès la corticale enlevée, nous avons lâché gouge et maillet pour ne plus les reprendre. La curette seule a joué. Les phénomènes inquiétants qu'ont présentés nos opérés ne relèvent-ils point plutôt du shock toxique signalé par Quénu, Delbet et Pierre Duval, et la garantie du succès n'est-elle point dans la précocité opératoire qui détruit l'infection avant sa diffusion et son pouvoir toxique ? Je demande aux chirurgiens qui m'écoutent s'ils ont eu l'occasion d'observer ces morts rapides du nourrisson après intervention sous anesthésie générale ?

Il ne faut pourtant point que ce drame opératoire possible arrête le spécialiste. En laissant courir la lésion, il enlève à coup sûr à son petit malade une chance de guérison ; et nous croyons que son indifférence ou sa timidité engagent beaucoup plus sa responsabilité que son audace chirurgicale. Ne masquons pas à la famille la gravité de l'intervention ; servons-nous d'instruments tièdes : nous évitons un shock cellulaire ; opérons enfin précocement et rapidement. Nous mettons ainsi tous les atouts dans notre jeu.

En résumé, Messieurs, ne méconnaissons point ces complications otitiques. Reconnaissons leur gravité et cherchons à les combattre au lieu de fermer les yeux ou de les fuir, par crainte de manœuvrer dans une zone dangereuse ou de précipiter l'échéance fatale. « Y a-t-il pire dérèglement de l'esprit, suivant le mot de Bossuet, que de ne pas voir les choses comme elles sont, sous prétexte qu'elles pourraient être autrement ? »

OBSERVATION I. — Fray Yves. 7 mois. En janvier 1925, bronchite légère rapidement guérie, mais amaigrissement progressif. Le docteur Carcopino, appelé à le soigner, est frappé par une dépression en entonnoir de la partie inférieure du sternum. Pas de tirage, pas de dyspnée, nuit mauvaise, insomnie, cris constants. Pas de localisations pulmonaires ; mais des troubles gastro-intestinaux se manifestent par deux ou trois selles vertes et glaireuses en 24 heures. L'enfant tête bien. L'enfant maigrit de plus en plus et touche à l'athrepsie, disparition du panicule adipeux du ventre et des cuisses. L'examen est toujours négatif ; l'enfant a bon appétit. La pression de l'oreille gauche paraît douloureuse : nuit mauvaise, vomissements : c'est alors que je suis appelé (15 janvier).

Je constate des tympans très sombres et infiltrés ; pas de rougeur ni de voussure. Je les incise largement. La nuit qui suit cette petite intervention est très bonne. L'appétit est maintenu. L'état général s'améliore rapidement : l'écoulement auriculaire est très abondant. Le 19 janvier l'enfant est transformé, son œil est vif, il a toujours faim et pèse 4 kg. 200.

Le 20 janvier, nouvelle poussée fébrile, 38-4. L'oreille gauche a cessé de couler, pour sécréter à nouveau le lendemain, cependant que la température tombe.

Le 22 janvier, bon état. Poids : 4 kg. 340.

L'otorrhée diminue ; mais, quelques jours plus tard, la température remonte et les oreil-

les coulent à nouveau très abondamment. L'enfant dépérit rapidement. Le pus devient fétide.
Je conseille la trépanation mastoïdienne double, qui est acceptée par la famille. Opération
le 30 janvier, à l'anesthésie locale, par jet de chlorure d'éthyle ; côté gauche, ouverture rapide et l'antre est purulent. L'ostéite est nette. Au cours de l'opération, le bébé se cyanose,
présente une syncope bleue, qui nous oblige à remettre au lendemain la trépanation droite.
Mêmes lésions qu'à gauche.

Les suites sont excellentes ; à une température très élevée mais fugace, avec cris et
mugissements, a succédé un bien-être complet. Cicatrisation totale en trois semaines.

OBSERVATION II. — H., 8 mois. Soigné en juillet par le docteur Toesca, pour infection
mal définie. Température élevée, signes broncho-pulmonaires, amaigrissement, insomnies. La
pression de la mastoïde droite étant douloureuse, Toesca me fait appeler pour l'examen des
tympans. Je constate une voussure du secteur postéro-supérieur du tympan droit. Paracentèse,
pus. La température, qui se maintient entre 38,5 et 40, descend à 37,5 ; l'enfant dort et
prend volontiers son biberon. L'amélioration se maintient pendant deux jours, puis la
température remonte à 39,5; nouvel examen d'oreille. La caisse gauche se prend; incision
du tympan, écoulement séro-purulent. Les phénomènes généraux s'amendent. L'écoulement
auriculaire est abondant. Mais ce bien-être ne persiste pas et, le 25 juillet, le nourrisson
a des vomissements, de la raideur de la nuque, une ébauche de Kernig; température 40".
Il y a nettement réaction méningée. L'oreille gauche coule très abondamment et la pression
de la mastoïde gauche déclanche des cris. On décide l'ouverture de l'antre. Opération
à 10 heures du soir. Anesthésie locale par jet de chlorure d'éthyle; ouverture de
l'antre. Opération à 10 heures du soir. Anesthésie locale par jet de chrorure d'éthyle;
ouverture de l'antre. Pus et fongosités. Curetage d'un groupe de cellules supérieures. Le bébé
paraît avoir supporté parfaitement le traumatisme opératoire, mais une heure après la température monte à 41,5, le teint devient extrêmement pâle, le pouls incomptable et le petit
malade décède à une heure du matin au milieu de phénomènes ataxo-adynamiques.

OBSERVATIONS III. — Bébé de 12 mois, soigné par le docteur Carcopino ; malade en
janvier 1924. Présente depuis quinze jours une température élevée en plateau (40). L'examen
général est négatif, le ventre est souple, la respiration normale. On pense à l'Eberth et on
fait une numération leucocytaire, qui donne : hyperleucocytose à 18.000 avec polynucléose
légère (Ronchèse). Donc, pas de fièvre typhoïde. Devant l'absence persistance de tout signe
objectif, on me fait appeler pour l'examen des oreilles. Les deux tympans sont ternes et infiltrés, la pression des tragus est douloureuse. Otite moyenne latente typique. Incision. Une
goutte de pus de chaque côté. Le lendemain, la température, qui se maintenait entre 39 et 40
depuis vingt jours, tombe à 37. L'enfant dort bien, ne se plaint plus et reprend son appétit.
En quelques jours, il est complètement rétabli.

OBSERVATION IV. — Le jeune B. Marcel, 11 mois, ne présente aucun antécédent personnel ou héréditaire pathologique. Le 19 mars 1925, le docteur Duplay est appelé d'urgence
à 4 heures du matin, auprès de ce beau bébé qu'entoure une famille épouvantée ; il somnole,
pâle, brûlant, inerte et vient de présenter brutalement des phénomènes convulsifs, des attitudes effrayantes, une apparence de mort prochaine pour la mère affolée.

La température atteint 40°5. L'examen du petit malade est indolore et complètement
négatif.

On prescrit la thérapeutique d'urgence habituelle.

Entre 7 et 8 heures, l'enfant a deux ou trois crises convulsives d'intensité moyenne. Le
docteur Duplay, averti du rôle primordial de l'oreille dans la pathologie du nourrisson, donne
un coup d'œil aux tympans. Il a constaté une modification d'aspect à gauche et demande à
la famille de faire appel à l'otologiste.

Le tympan gauche présente les modifications suivantes : le segment supérieur est de teinte
plus rose ; l'apophyse du marteau est respectée, mais le reste de la membrane est uniformément grisâtre, paraît infiltré, est terne et plombé. Elle ne bombe pas, ce qui nous fait surseoir à la paracentèse et instituer le traitement phéniqué adrénaliné classique Dans la journée, l'état s'améliore ; pas d'ébauche convulsive. Température du soir : 38°.

Le 20 mars, à 2 heures du matin, le docteur Duplay est appelé d'urgence et assiste à
une série de crises convulsives, typiques, généralisées, véritable éclampsie. La symptomatologie
est au complet. Phase tonique et phase clonique se succèdent. L'enfant est pâle, ses yeux
se convulsent en haut, « il fait les yeux blancs ». Ceux-ci convergent également en dedans
en un strabisme très marqué. La tête est rejetée en arrière, le corps est raide, la face se con-

tracte, les mâchoires sont serrées, la respiration se suspend et l'enfant est figé. Puis, les convulsions cloniques apparaissent, les globes oculaires s'agitent en tous sens, la face grimace affreusement, les dents grincent. Les membres sont animés de secousses brèves, la respiration est rauque et saccadée. Les lèvres bleuissent, l'enfant paraît s'asphyxier. Les phénomènes s'amendent et tout rentre dans l'ordre pour peu de temps. Les crises se succèdent et nous nous trouvons en présence d'un véritable état de mal éclamptique (status éclampticus), qui ne laisse pas d'être fort inquiétant.

A 8 heures, j'examine à nouveau les tympans. La coloration ne s'est pas modifiée à gauche, et je pratique une large paracentèse. Le tympan est épaissi et dur ; du pus et du sang sortent sous pression. Le petit malade s'endort et passe une journée très calme, sans crise. Mais il est très pâle. Température : 38". La nuit est bonne, mais le lendemain, dès 8 heures, l'agitation réapparaît, avec plaintes et crises larvées. Température : 39°5. L'écoulement otitique gauche est à peu près tari. Le tympan droit est normal. Le gauche s'est fermé et présente toujours le même aspect, ce qui m'oblige à une nouvelle paracentèse. Un écoulement séro-purulent se rétablit et l'état général s'améliore incontinent. Journée calme. Température : 38". L'enfant a faim et reprend sa gaieté.

22 mars. — Température : 37°5. Tout va bien et rien ne laisse prévoir la reprise qui se produit dans la nuit suivante.

23 mars. — Quelques convulsions s'ébauchent : la température monte à 39" ; l'aspect est mauvais. L'examen général ne décèle rien, mais le tympan droit a changé d'aspect, il prend la teinte plombée, grisâtre, infiltrée du gauche et bombe légèrement dans sa partie postéro-supérieure. Je fais une paracentèse immédiate ; écoulement séro-purulent peu abondant.

Les phénomènes méningo-encéphaliques cèdent, ainsi que la température ; tout rentre progressivement dans l'ordre et la guérison est l'affaire de quelques jours. Nous avons revu l'enfant ces jours-ci ; il est en parfaite santé.

OBSERVATION V. — X..., bébé de 16 mois, hérédo-syphilitique, soigné pour bronchopneumonie post-rubéolique. Le docteur Carcopino constate un léger souffle à la base droite avec quelques râles crépitants fins. Mais le foyer n'explique pas la gravité des phénomènes généraux : température 40°, teint plombé, adynamie ; sérum antipneumococcique, huile camphrée à haute dose. Le lendemain, même état général ; les signes pulmonaires sont cependant en régression, trois crises convulsives, température 40". Dans la journée, les crises convulsives se rapprochent et dans la nuit, véritable état de mal éclamptique (convulsions généralisées). Je suis appelé le lendemain : tympan saillant et terne. Paracentèse double, pus. L'enfant s'endort rapidement. Plus de crises convulsives. La température est rapidement normale ; convalescence rapide.

Malheureusement, un mois plus tard, l'enfant contracte la coqueluche compliquée de broncho-pneumonie et meurt.

OBSERVATION VI. — Le 6 janvier, je suis appelé, par le docteur Duplay, auprès d'un petit malade, P., 11 mois, qui persente, depuis la veille, une température de 39°5, avec prostration extrême, sans symptômes pulmonaires ou intestinaux et, chaque fois qu'on approche de son oreille gauche, le bébé se recule effrayé et pousse un cri.

A signaler, dans les antécédents héréditaires, une mastoïdite opérée à 3 ans chez la maman et une mastoïdite compliquée d'une méningite mortelle chez la tante directe.

A l'examen, nous constatons un tympan gauche très sombre, légèrement bombé, une douleur manifeste à l'antre que le petit malade accuse par des pleurs violents. Température : 39°5. Somnolence ; rien à la gorge ; coryza depuis trois jours. Nous décidons une paracentèse immédiate : celle-ci, large et cruciale, donne issue à du pus franc, épais, abondant. Nous attirons votre attention sur la résistance et l'épaisseur du tympan, qui paraît infiltré. La nuit est meilleure, le bébé dort et prend son biberon. L'écoulement auriculaire est abondant, continu, mais le soir la température remonte à 40° et le petit est à nouveau très prostré. Sur l'insistance du docteur Duplay, pédiatre distingué, nous décidons l'intervention immédiate, qui a lieu à 9 heures du soir, le 8 janvier. Anesthésie sous chloroforme ; assistance des docteurs Duplay et Destrés.

Au premier coup de gouge, issue abondante de pus franc.

Toute la mastoïde est purulente ; l'antre, large, est soigneusement cureté. Mise à nu d'un très léger secteur méningé du côté du toit, découverte du sinus latéral ; la mastoïde est enlevée presque entièrement ; drain et suture.

L'enfant a supporté parfaitement le chloroforme. La nuit est très agitée, le petit présente, vers minuit, une recrudescence de température ; le lendemain matin celle-ci tombe à 37"6 Les suites opératoires sont normales, et la plaie est fermée trois semaines après.

OBSERVATION VII. — Le 10 mars 1925, je suis appelé, par le docteur Chatenoud, auprès d'un petit malade de 9 mois, jumeau péniblement élevé qui présente, depuis trois jours, une température variant de 39 à 40" ; l'examen général décèle une légère raideur de la nuque sans autre localisation.

Le petit malade présente des tympans très sombres, à peine bombés. Température : 40" Somnolence coupée de cris.

Pas de symptômes objectifs mastoïdiens. Paracentèse double immédiate ; pus très épais, s'évacuant difficilement.

La température baisse à 39" et l'enfant dort. Le lendemain, l'amélioration fugace de la veille ne tient pas ; la température remonte à 40" ; la raideur de la nuque persiste ainsi que la prostration ; un léger œdème mastoïdien bi-latéral apparaît ; le diagnostic de lésions mastoïdiennes s'impose et nous conseillons l'intervention bi-latérale immédiate. Le docteur Thomas, appelé en consultation, confirme le tout. Opération le 11 mars, à 6 heures du soir ; assistance du docteur Bardon. Anesthésie sous chloroforme. Trépanation double ; pus dans les deux antres qui sont vastes et fongueux. A gauche, abcès extra-dural circonscrit ; les méninges paraissent saines. En raison de la réaction méningée, on laisse largement ouvert. Le petit malade est resté près de trois-quarts d'heure sous le chloroforme sans incident. A minuit, la température s'élève à 41"5, le bébé présente une pâleur impressionnante. Le lendemain matin, 40" ; le soir, 39". L'enfant repose ; puis la température baisse progressivement et la guérison des deux côtés est totale au bout d'un mois. Le petit malade a présenté, pendant quelques jours, une température à type inverse.

OBSERVATION VIII. — Le 2 avril, je suis appelé, par le docteur Carcopino, auprès d'un enfant de 8 mois qui présente, à la suite d'une broncho-pneumonie guérie, une recrudescence de température, une réaction méningée et un écoulement séro-purulent récent de l'oreille gauche. Le tympan est perforé dans son quadrant antéro-inférieur et un examen très attentif de la mastoïde la révèle douloureuse. L'intervention est décidée pour le lendemain. Anesthésie sous chloroforme ; assistance du docteur Carcopino. Pus dans l'antre, ouverture large, découverte des méninges au niveau du toit de l'antre, drain et fermeture. Le soir, la température remonte à 40"5 et l'enfant est dans un état inquiétant ; nuit mauvaise, mais le lendemain matin la température tombe à 36" pour remonter le soir à 40. Ces oscillations thermiques sont vraisemblablement liées à un foyer broncho-pneumonique nouvellement apparu. Elles persistent pendant quelques jours et ne sont point sans nous troubler. Puis les phénomènes s'améliorent peu à peu ; l'enfant cicatrise complètement sa plaie au bout de deux mois.

Je termine ces considérations générales en recommandant l'examen systématique, précoce, de l'oreille du nourrisson qui souffre. Il faut vérifier son tympan comme on vérifie ses poumons, son foie, sa rate ou sa gorge. En agissant ainsi, les accidents les plus graves sont susceptibles d'être écartés.

1. Pyohémie, phlébite du sinus latéral et abcès intradural

2. Thrombophlébite du sinus latéral

PRESENTATION DE MALADES :

Ce ne sont point, Messieurs, de petits nourrissons que j'ai l'honneur de vous présenter aujourd'hui, mais deux belles jeunes filles qui n'ont pas craint d'apporter leur grâce dans notre austère compagnie. Elles ont traversé toutes deux des heures fort pénibles et ce n'est pas sans quelque surprise que je les vois ici ce soir.

Ecoutez plutôt leur histoire pathologique.

I. — La plus jeune, Mlle X..., 14 ans, dont les antécédents héréditaires ou personnels sont sans intérêt médical, présente, en septembre 1924, une otomastoïdite gauche. Bien que très correctement opérée par un chirurgien général, la convalescence traîne, la plaie mastoïdienne ne se ferme pas, une fistule s'établit et du pus fétide s'écoule. L'enfant maigrit et une température sub-fébrile persiste pendant plusieurs mois, quand brusquement, en février 1926, la température s'élève et se maintient aux environs de 40 à 41°. Elle s'accompagne de plusieurs frissons qui, sans être solennels, sont d'une grande netteté. Le docteur Gonin qui suit de très près la malade ne trouve pas, dans un examen général très attentif, l'explication de ce phénomène. Il y a bien une légère amygdalité, mais il pense à l'oreille et me fait appeler.

Je constate, au point de vue local, une douleur très nette à la pression, en arrière de la fistule, au niveau du sinus latéral. Est-ce le cri pyoémique ? La fistule rougit et débite un pus abondant. L'écoulement par le conduit s'exagère. Il s'agit vraisemblablement d'une mastoïdite réchauffée avec participation probable du sinus latéral au processus infectieux, et je décide l'intervention immédiate. Elle a lieu le 10 février 1926, à 5 h. 30 du soir. Assistance du docteur Destrés.

Ouverture large de surface de réparation mastoïdienne par

l'incision en T : l'incision horizontale me permettant de découvrir, en rabattant deux volets supérieur et inférieur, toute la zone postérieure de la mastoïde et un secteur occipital.

Je trouve autour de la fistule un bloc de fongosités peu adhérentes, et j'ai tôt fait d'arriver, par la simple curette, aux limites de la première intervention. L'antre est à découvert ainsi qu'une partie du sinus latéral au niveau de son genou. Je dissèque à la gouge toute sa partie mastoïdienne. Il présente une teinte feuille morte et paraît assez résistant. L'aiguille exploratrice le pénètre difficilement et semble traverser une paroi épaissie ; mais du sang noir s'écoule, il n'est donc pas trombosé entièrement, et d'ailleurs, il ne bat pas. Un sinus dont la lumière est fermée par un caillot bat : un sinus où le courant sanguin se fait encore ne bat pas. Ce signe que mon maître Moure a eu le mérite de décrire il y a fort longtemps, n'est plus aujourd'hui contesté : mais il a dû lutter maintes fois pour combattre la formule inverse que la plupart des auteurs avaient théoriquement admise.

Devant l'absence de battement et l'écoulement du sang par l'aiguille exploratrice, je ne vais pas plus avant du côté du sinus.

Le toît de l'antre est nécrosé. Les lésions me conduisent au toît de la caisse. Pour sauver l'audition, j'écarte l'évidement petromastoïdien et procède à l'atticotomie · transmastoïdienne de Sourdille. (Evidemment partiel). Le tympan et les osselets sont ainsi respectés.

La plaie est laissée largement ouverte et méchée.

Après 'opération, de 41°,3 la température tombe à 40, puis 39°,8, puis 37°,9 et remonte bientôt à 42° le 12 au soir. Chiffre impressionnant.

Il s'agit de phénomènes pyoémiques violents, sueurs profuses, frissons intenses, délire, urines rares. Je ne cache pas à la famille la gravité du cas et ne lui laisse que peu d'espoir. Le 13 au matin, la température tombe à 38°,2. La plaie est belle ; le sinus ne bat toujours pas. Ponction exploratrice à l'aiguille, Paroi très dure, plus épaisse que l'avant-veille. Il y a certainement un caillot pariétal, mais du sang s'écoule, je retarde par conséquent l'incision du sinus latéral.

Le délire persiste, mais la température se maintient dans des limites plus raisonnables : entre 39 et 40°. L'écart d'un degré entre le matin et le soir est assez rassurant quand la malade se plaint de son genou qui gonfle et rougit : le diagnostique d'artrite purulente, pyoémique otogène s'impose, et le docteur Fighiera, chirurgien de la famille, procède à une arthrotomie large -- pus abondant. Après cette intervention, la température baisse et se stabilise à 39° pendant deux jours. L'enfant est nettement mieux. Elle urine et ne délire plus. Mais un ensemble de phénomènes inquiétants changent l'évolution rassurante. Le bras droit se paralyse brusquement, on le soulève, il retombe inerte sur le lit. Pas de signe méningé, mais un signe de collection ou de compression cérébrale gauches : La petite malade est incapable de nommer certains objets que je lui montre : clefs, boîtes d'allumettes : il ne s'agit pas d'amnésie, mais d'aphasie sensorielle. Sa mémoire est parfaite, elle sait bien son nom, le mien, et répond aux questions de son entourage, tous les autres signes sont négatifs.

Ponction lombaire : Liquide hypertendu mais l'examen cytologique et négatif.

Devant ces signes de compression ou de collection cérébrale gauche, je décide une nouvelle intervention.

Elle a lieu le 19 février à 9 heures du matin. Assistance du docteur Destrés.

J'élargis la brèche sus-antrale et sus-atticale et suis obligé de mordre sur le cadre tympanal.

Vous verrez, Messieurs, aujourd'hui, que le tympan ne persiste que dans sa moitié inférieure. Il reste néanmoins une perception auditive appréciable.

Je découvre les méninges ; la dure mère est recouverte de fongosités ; elle est noirâtre et à demi sphacélée. Malgré plusieurs ponctions sans résultats, j'incise en croix, et un pus jaunâtre s'écoule. Il s'agit d'un abcès interméningé enkysté comprimant le cortex cérébral, que Lannois appelle abcès intradural, Mac Eween abcès cortical, Korner abcès subdural.

J'évacue cette collection et je draine. Le sinus ne bat toujours pas... Je ne l'ouvre pas. Dès le lendemain, le trouble paralytique du bras droit s'amende, il ne persiste qu'un peu de paresie. L'aphasie disparaît. La plaie que je vérifie chaque jour est fort belle. La suppuration intradurale se tarit rapidement, mais les phénomènes persistent pendant 7 jours. Et puis, lentement, tout rentre dans l'ordre, et la petite malade fait une rapide convalescence.

J'ai laissé jusqu'à ce jour la blessure mastoïdienne et me propose de la fermer prochainement, par une plastique fort simple : excision des bords cutanés de la plaie et accolement des tranches de section.

Il s'agit en résumé d'une otomastoïdite fistulée compliquée de thrombophlébite pariétale, de pyoémie, et d'abcès intradural.

II. — Mlle de F., 19 ans, n'a présenté dans sa jeunesse aucune maladie sérieuse. Je suis appelé auprès d'elle dans la première quinzaine de novembre par son médecin général, le docteur Paudeleu. Depuis 2 jours, à la suite d'une amygdalite banale, douleurs violentes à l'oreille droite et vertiges. Température élevée, abattement marqué. Le tympan droit est noir et bombé. Bulles dans le conduit au voisinage du cadre tympanal. Je me permets de faire remarquer que la présence de bulles séro-sanglantes dans le conduit ou sur le tympan est en général symptòmatique d'une infection très virulente de la caisse.

Paracentèse large ; le pus sanglant sort, brusquement, accompagné d'un bruit léger, en jet de vapeur. Sécrétion mousseuse immédiate et très abondante. Les cotons placés à l'entrée de l'oreille sont constamment souillés. La température baisse légèrement, mais l'état général est mauvais, somnolence, vomissements, vertiges constants, sont des signes inquiétants. La mastoïde est douloureuse dans son ensemble, mais surtout à la pointe et en arrière (bord postérieur).

La petite malade ouvre très difficilement les yeux — hystagmus spontané, intense, rapide, et horizontal. Il frappe vers l'oreille malade ; surdité à la voix et au diapason. La malade répond mal, il s'agit d'un syndrome labyrinthique et vraisemblablement de simple périlabyrinthite sans pyolabyrintite.

La trépanation est décidée pour le 21 à 5 heures du soir. Assistance du docteur Paudeleu. Grosses lésions qui m'obligent à un évidement mastoïdien total. Tous les groupes cellulaires sont atteints, en particulier le groupe postéro-supérieur et le groupe de la pointe. Le sinus est largement découvert et il bat, j'attire votre attention sur ce symptôme. Une aiguille exploratrice plongée à deux reprises au-dessous de son genou se fixe et le sang ne sort pas. D'ailleurs, la paroi sinusienne se déprime difficilement. Devant l'absence de symptòmes pyoémiques (grosses oscillations thermiques, frissons), je n'incise pas. Tous mes efforts portent vers l'additus que je curette soigneusement pour dégager la région labyrinthique et la préserver. Je laisse largement ouvert afin de surveiller le sinus latéral.

Les phénomènes labyrinthiques s'amendent, les vertiges, les vomissements se font moins fréquents et, pendant 2 jours, la température reste à 38°. Au premier pansement, la plaie me donne toute satisfaction. Le sinus bat, mais sa paroi externe paraît saine, et ne tend pas à la nécrose.

Il s'agit vraisemblablement d'un caillot bien organisé qu'on n'a pas intérêt à toucher. Je fais faire de l'auto-vaccin, la température s'élève à 40° ; et se maintient pendant 2 jours entre 39 et 40°. Pas de frissons, le mieux continue. Je temporise pour l'ouverture du sinus. Bien m'en prit, car 5 jours après l'intervention, la température redevient vite normale et les symptòmes labyrinthiques disparaissent complètement ; cicatrisation parfaite relativement rapide.

Il s'agit dans ce cas d'une otite moyenne suppurée aiguë, compliquée de réaction labyrinthique et de trombo-phlébite du sinus latéral sans pyoémie.

Messieurs, si j'ai tenu à vous présenter ces deux malades dont l'une est pour moi une petite rescapée, c'est bien que cette double histoire pathologique est de nature à suggérer quelques réflexions d'ordre clinique et chirurgical.

Ma première opérée présentait un abcès intradural. J'insiste sur cette localisation qui peut-être vous surprend. Il est possible qu'elle soit rare, mais elle a été signalée et je crois qu'Avigne, un élève de Lannois, en a réuni une trentaine de cas dans sa thèse inaugurale.

La lésion ne paraissait pas dépasser la pie-mère et s'était enkystée dans l'arachnoïde. La guérison rapide, le drainage facile, l'absence de hernie cérébrale, plaidèrent d'ailleurs en faveur de cette localisation ; étape intermédiaire de la progression purulente vers la masse cérébrale.

Il est un autre point sur lequel j'attire votre attention, c'est la pyoémie violente sans thrombo-phlébite du sinus latéral, mais seulement phlébite (paroi infectée, feuille morte), et cette constatation nous sépare quelque peu des données classiques qui voient dans la trombo-phlébite le premier stade de la septico-pyoémie.

Cette opinion se trouve à nouveau infirmée chez la seconde malade qui présentait un caillot organisé certain sans pyoémie. Ouvrez un manuel d'otologie, vous lirez, décrit sans défaillances, la trombo-phlébite avec pus, frissons, oscillations thermiques de grande envergure et état général déficient. Vous y verrez recommandée l'ouverture large du sinus, le curettage du caillot, voire même la ligature de la jugulaire interne.

Eh bien, Messieurs, autant je suis partisan de cette intervention dans le cas de thrombo-phlébite avec phénomènes pyoémiques également nets, autant je suis partisan aujourd'hui de ne point toucher au caillot organisé, non suppuré, qui évolue vers une transformation fibreuse certaine sans entraîner de troubles septico pyoémiques.

Je crois qu'à le toucher, on ne peut que lancer dans la circulation des embolies microbiennes ou mécaniques dangereuses. Soyez prêts à intervenir, mais ne vous hâtez point. Il ne s'agit plus, dans ce cas là, comme dans les mastoïdites du nourrisson, d'un foyer purulent sans issue et certain d'inonder les méninges, mais bien d'une défense mécanique sans pus, sans microbes, qui arrête l'infection et ne demande quà triompher si un curettage intempestif ne vient pas le contrarier.

En défendant cette opinion, Messieurs, je ne fais que reproduire celle du professeur Sébilleau et de son élève Chatelier qui tiennent à juste titre les thrombo-phlébites sinusales sans symptômes pyoémique pour très fréquentes et s'efforcent à les prévenir du curetage intempestif.

Deux mots sur les phénomènes labyrinthiques de la seconde malade. Pour être impressionnants, il n'étaient pas de nature à entraîner un pronostic fatal. Il arrive très souvent qu'au cours d'une otite violente, le labyrinthe soit grandement impressionné. Il ne s'agit pas là d'inondation purulente labyrinthique, mais de simple périlabyrinthite qui appelle la trépanation mastoïdienne aussi large que possible mais qui interdit à la gouge la capsule labyrinthique.

1. La Mastoïdite Syphilitique

(Congrès Italien d'O-R I. - Bologne 1923.)

2. Un Cas de Mastoïdite Syphilitique

(Archives Internationales de Laryngologie - 1924)

Si l'on parcourt la littérature médicale, on constate que l'ostéomyélite syphitique de la mastoïde est relativement assez rare. Dédaignée, ou méconnue, l'affection n'a fait l'objet d'aucun travail approfondi. Décrite pour la première fois par Schwartze, cette lésion spécifique du temporal a été observée ensuite par Baratoux (4 cas). Millet et Violet, Pietri et Ardennes (2 cas). Tout récemment enfin, dans les *Archives italiennes d'Otologie* (avril 1923), le professeur Caliceti a publié un cas tout à fait semblable à celui que nous venons d'observer nous-même et dont l'histoire suit :

Emma D..., 5 ans, m'est adressée par son médecin général le 6 juin 1923. Son histoire est la suivante. En février 1923, sans cause appréciable, l'enfant se plaint de vagues douleurs derrière l'oreille. Un abcès se forme dans la région mastoïdienne ; le médecin de la famille l'ouvre par incision de Wilde. Mais la plaie ne cicatrise pas et l'enfant, jadis très gaie, s'attriste, maigrit, ne joue plus et perd l'appétit. Son oreille n'a jamais coulé, l'acuité auditive est demeurée bonne, la plaie mastoïdienne est fistulisée.

Antécédents héréditaires. Père en bonne santé, mère déprimée, ayant eu trois fausses couches, quatre frères et sœurs chétifs.

Antécédents personnels. Maladies de l'enfance.

L'enfant est pâle, anxieuse et très amaigrie. Pas de température. Pouls rapide (95). Quelques céphalées hémicraniennes gauches.

Examen fonctionnel de l'oreille gauche. — Perception cranienne normale, sauf au niveau de la mastoïde où elle est diminuée. Rinne positif. Weber indifférent. Perception aérienne : montre perçue à deux mètres ; voix chuchotée à cinq mètres.

Examen objectif. — Conduit auditif normal. Tympan plutôt sombre mais non déformé, pas de cicatrice de perforation.

Région mastoïdienne : une fistule s'ouvre au niveau de la projection antrale, immédiatement en arrière et au-dessus du conduit auditif. La surface mastoïdienne est rouge, tuméfiée et infiltrée, non douloureuse à la pression ; elle est de circonstance pâteuse ; de la fistule s'écoule un pus sanieux, en très petite quantité. Le stylet y pénètre de 2 centimètres et bute sur de l'os dénudé qui saigne facilement.

Nez. — Coryza muco-purulent. Paquet de végétations adénoïdes suppurées.

Pharynx. — Amygdales palatines hypertrophiées.

Le cou est le siège d'une réaction ganglionaire assez accusée.

Nous diagnostiquons une mastoïdite primitive fistulisée et décidons d'intervenir.

Opération le 17 juin 1923. — Chloroforme. Incision rétro-auriculaire passant par la fistule. La corticale mastoïdienne est détruite sur une étendue de 2 cent. en hauteur et 1 cm. ½

en largeur. On ne trouve à la place qu'un amas très abondant de granulations flasques, grisâtres, saignant peu. La curette seule est utilisée. La fistule conduit sur l'autre également
très malade. Mise à nu des méninges cérébrales moyennes, épaissies par place et quelque
peu fougueuses. Les cellules périsinusales sont malades ; le sinus découvert apparaît sain
On curette également une partie de l'écaille du temporal, malade sur une étendue de un
centimètre en bordure mastoïdienne.

Devant l'étendue des lésions, nous faisons une cure radicale partielle, c'est-à-dire la trépanation mastoïdienne élargie de Heath dont les temps sont les suivants. Résection de la
paroi externe de l'aditus, d'une partie de la paroi postérieure du conduit osseux jusqu'à 3
millimètres, environ de l'anneau tympanal. Plastique du conduit.

En raison des antécédents maternels et de l'aspect des granulations, nous faisons
une prise de sang. Le *Bordet-Wassermann* est positif.

Le traitement biioduré mixte est institué aussitôt. (Biiodure de mercure + iodure de
potassium).

Pansements tous les deux jours. Cicatrisation très rapide. Deux mois après la plaie est
complètement cicatrisée.

L'état général très amélioré (l'enfant a augmenté de 3 kilos).

Il s'agit dans notre cas de *syphilis héréditaire du blos mastoïdien gauche.*

Nous avons cru intéressant de rapporter cette observation qui,
venant s'ajouter aux douze précédentes, nous permet de tirer quelques conclusions au point de vue clinique.

La mastoïdite syphilitique paraît en effet avoir un syndrome
assez bien défini. Elle est insidieuse, peu douloureuse, touche peu
l'audition, évolue rapidement vers la fistulisation. A sa période
ultime, la consistance de la surface mastoïdienne est pâteuse, en
raison de la destruction corticale, et de l'amas de granulations.

Le tympan est le plus souvent intact et l'audition reste bonne.
Enfin à l'intervention, l'aspect des granulations, flasques et pâles,
est caractéristique.

N'est-ce point là le tableau plus ou moins fidèle des « mastoïdites primitives » d'ailleurs discutées aujourd'hui ? Il est fort probable que bon nombre de ces dernières, attribuées à tort à des infections banales, ne sont autre chose que des localisations mastoïdiennes du tréponème pâle.

L'examen du sang doit être pratiqué dans toutes les mastoïdites
à tympan intact ou sans passé tympanique.

CAVITÉS ACCESSOIRES

CAVITÉS ACCESSOIRES

---

1. Contribution à l'étude du Vacuum Sinus

(Communication à la Société Italienne d'O.-R.-L. - Naples, Oct. 1024)

2. Le Syndrôme du Vacuum Sinus

(Société de Médecine de Nice, 2 Janvier 1925)

On désigne sous le nom de « vacuum sinus » un syndrome réalisé par l'obstruction permanente ou intermittente du canal naso-frontal.

Cette affection, isolée par Sluder, reprise en France et à l'étranger par nombre d'auteurs, en particulier Canuyt et Terracol, est une question d'actualité.

Quelques notions d'anatomie sont nécessaires pour en saisir la pathogénie. Le sinus frontal débouche dans le méat moyen par le canal naso-frontal, dont l'orifice supérieur se trouve de chaque côté de la cloison inter-sinusale, et l'orifice inférieur à l'extrémité antéro-supérieur du méat moyen.

Au point de vue embryogénique, le sinus frontal n'est qu'une cellule ethmoïdale hyperthrophiée. Son canal est, par conséquent, obligé de se frayer un passage dans le groupe de cellules ethmoïdales antérieures. On conçoit ainsi la variabilité de sa configuration et de son embouchure inférieure. Il ne peut s'isoler des culs de sacs ethmoïdaux qui l'entourent, ces derniers participant à sa constitution. Quoi qu'il en soit, la disposition la plus fréquente est la suivante : le canal naso-frontal débouche dans le méat moyen sous le cornet moyen dans l'infundibulum, en avant de la bulle ethmoïdale et en arrière de l'apophyse unciforme contribuant à former l'hiatus semi-lunaire. Les causes de fermeture du sinus frontal sont variables. Les principales sont : la fermeture par déviation haute de la cloison ; la fermeture par épaississement périostique du cornet moyen, et par rétrécissement de l'infundibulum, l'apophyse et la bulle arrivant au contact.

Sluder donne au syndrome une pathogénie séduisante : la fermeture du canal provoquerait dans le sinus les mêmes troubles

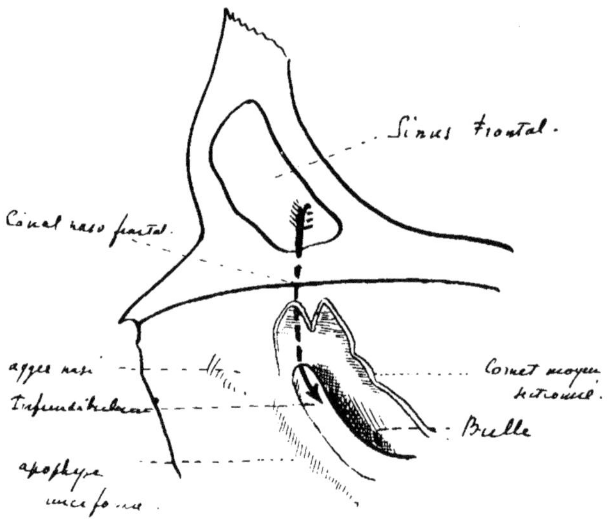

Embouchure du canal naso frontal

LAPOUGE.

que déclanche, dans l'oreille moyenne, l'obstruction de la trompe d'Eustache. L'air étant absorbé dans le sinus, il en résulte une pression négative qui congestionne la muqueuse et trouble la circulation locale. Les parois du sinus deviennent douloureuses, en particulier au niveau du plancher, là où s'insère la poulie du grand oblique. Celui-ci pour l'accommodation rapprochée (le travail, la couture), tourne l'œil et l'abaisse. Cette traction exacerbe ou réveille la douleur.

Au niveau de l'insertion du grand oblique, la pression réveille la douleur. C'est le « Signe d'Ewing ».

Le syndrome est bien défini : la céphalée frontale, continue ou paroxystique, le signe d'Ewing et la douleur provoquée par l'accommodation visuelle, en dépit d'une réfraction normale, forment un trépied constant. Le traitement qui vise à déboucher le canal naso-frontal et libérer l'orifice méatique, est en général suivi de succès. Aussi croyons-nous intéressant de communiquer ici les deux observations dont l'histoire suit :

Ire Observation. — Miss Th. m'est adressée le 19 décembre 1923 par le *docteur Bouchage, de* Menton, pour examen des sinus, la malade se plaignant depuis plusieurs années de « névralgies oculaires périorbitaires » survenant par crises, au cours desquelles les objets se couvrent d'un « voile ». La lecture et les travaux de couture déclenchent ces troubles, surtout par temps humide. On relève dans les antécédents de cette jeune fille deux crises rhumatismales assez accusées, suivie de lésions mitrales. Amygdalectomie en Angleterre à l'âge de 16 ans.

Examen. — Malade amaigrie, pâle et nerveuse. Signes subjectifs : céphalée nettement frontale à prédominance droite, irradiée à

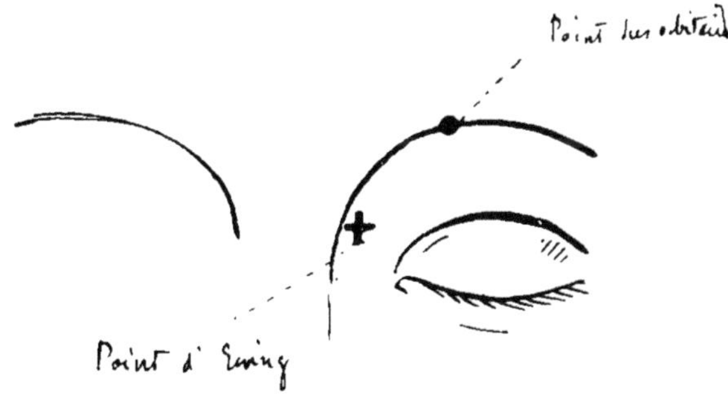

toute la tête. Continue, elle s'accuse violemment dès que la malade veut lire, coudre ou sort en plein soleil. Elle s'accompagne de troubles visuels. Les objets apparaissent « flous ».

Signes objectifs. Examen externe. — Le point d'émergence des nerfs sus-obitaires n'est pas douloureux. Par contre, au niveau de l'angle supero-interne de l'orbite droite, le doigt réveille une douleur bien localisée. C'est vraisemblablement le « signe » décrit par Ewing dont le point douloureux correspond à l'insertion de la poulie du grand oblique.

Examen oculaire (Dr Delogé), négatif.

Fosses nasales. — Déviation haute de la cloison-convexité droite compliquée d'éperon gauche inférieur. Le cornet moyen droit est hypertrophié, bulleux, étranglé entre la cloison et le méat moyen, réduit à l'état de fente. La malade ne mouche pas, il n'y a d'ailleurs pas la moindre sécrétion. Sous cocaïne-adrénaline le cornet moyen se rétracte, la fente olfative se libère, le méat moyen également. Pas de pus. Le diagnostic d'obstruction de l'orifice méatique du canal naso-frontal droit par déviation haute de la cloison et compression du cornet moyen s'impose. Nous conseillons la résection sous-muqueuse de la cloison et la résection de tête du cornet moyen droit.

Opération le 23 janvier 1924 (Assistance du Dr Destrès). — Résection typique sous-muqueuse de la cloison et ablation de la tête du cornet moyen droit, sectionné à l'anse froide. Celui-ci est bulleux mais non kystique, pas de pus dans les cellules ethmoïdales.

Les suites opératoires sont normales. Le 30 janvier la malade constate une grosse amélioration : les crises céphalgiques ont disparu. La lecture est facile.

11 avril. Pas de névralgies. Il ne persiste que quelques troubles oculaires, d'ailleurs mal définis et très vagues. Un nouvel examen oculaire ne décèle aucun vice de réfraction.

En juin, ces derniers ennuis disparaissent et depuis tout est rentré dans l'ordre. La malade transformée a repris sa vie normale.

OBSERVATION II. — E., 19 ans, m'est adressé le 11 août 1924 pour examen des sinus. Ce malade se plaint de céphalées paroxystiques très violentes dès qu'il se met au travail. Sa vue se trouble, il larmoie, lettres et objets deviennent flous.

On relève dans les antécédents une hémorragie rétinienne de l'œil droit, dont la cause est demeurée inconnue, et dont la séquelle se traduit par un affaiblissement visuel de 50 pour 100.

Examen. Signes subjectifs. — Céphalée frontale intermittente à point de départ « rétro-oculaire » droit, irradié à tout l'hémicrâne droit, survenant en général à la lecture, tête baissée. En même temps, la visibilité déjà considérablement déficiente par la lésion signalée plus haut, baisse momentanément. Le malade ne mouche pas, mais respire difficilement à droite : il éprouve une sensation de tension dans la région orbito-sinusienne droite et constate que l'arrêt des céphalées et du brouillard oculaire correspond presque toujours à une libération respiratoire de la fosse nasale.

Signes objectifs. — Point douloureux à la région supéro-interne de l'orbite droite (signe d'Ewing) à quelques millimètres de l'émergence du nerf sus-orbitaire. Respiration difficile à droite. Gros cornet inférieur droit, déviation du septum qui coince le cornet moyen, légèrement hypertrophié. Pas de pus dans le méat moyen. Sous cocaïne-adrénaline la fente olfactive apparaît, le méat se libère. La muqueuse est saine, pas trace de muco-pus. Nous conseillons la cornétomie inférieure droite, et la résection de la tête du cornet moyen droit. Cette intervention, acceptée, est pratiquée le 18 août sous anesthésie locale, avec incident hémorragique qui nécessite un tamponnement très serré, pendant près d'une semaine. Les céphalées persistent, elles sont dues vraisemblablement au tamponnement. Elles disparaissent comme par enchantement dès la suppression de ce dernier et n'ont plus reparu depuis.

Le jeune homme a repris sa vie normale, très active d'ailleurs à tous les points de vue. Les troubles oculaires qui accompagnaient les crises céphalalgiques paroxystiques ont également disparu ; mais la diminution permanente de l'acuité visuelle par l'hémorragie rétinienne ancienne, n'a pas été influencée par l'intervention. Le malade revu le 5 octobre va tout à fait bien. Les céphalées n'ont point reparu

Telles sont les deux observations qui nous ont paru mériter la publication, en raison de leur syndrome typique, et du succès thérapeutique. Loin de nous, la pensée de voir en elles des cas exceptionnels ; nous tenons, au contraire, ce syndrome pour très fréquent, et il appartient au rhinologiste de le dépister. Ainsi aurons-nous raison de ces céphalées, en apparence « sine materia », qui font de véritables infirmes, sur qui l'arsenal thérapeutique antinévralgique est demeuré sans effet. Ces malades viennent à nous avec l'espoir d'une lésion, qui cédera à l'intervention. Le médecin général ne doit pas ignorer ce syndrome, et devant des céphalées rebelles, accompagnées de troubles oculaires non expliqués par un vice de réfraction, il doit sans tarder faire appel au rhinologiste qui, par une opération bénigne, aura presque toujours raison de ces phénomènes douloureux.

DISCUSSION

Monsieur Mariau, au sujet de la deuxième observation, demande s'il n'y a pas relation entre l'hémorragie rétitienne de l'enfance et l'hémorragie post-opératoire ayant nécessité un tamponnement ; il demande également si les interventions sur l'ethmoïde sont sans danger.

M. Leprince demande si le cathétérisme et l'élargissement du canal naso-frontal ne sont point suffisants pour supprimer le syndrome du vacuum sinus.

M. Lapouge répond à M. Mariau que les interventions sur l'ethmoïde (résection du cornet moyen et curetage de l'ethmoïde) sont exemptes de danger si l'on suit une technique opératoire bien réglée : Curetage suivant la méthode du professeur Moure avec curette spéciale, si l'on a soin de se tenir en dehors de la ligne d'insertion du cornet moyen, et de diriger son instrument vers l'orbite et non vers la lame criblée.

A M. Leprince il répond que le cathétérisme du canal naso-frontal n'est point chose toujours facile, et son élargissement avec la rape de Vacher est un procédé un peu aveugle et partant dangereux. Il pense, d'ailleurs, que la sténose siège en général à l'embouchure et relève d'obstacles voisins.

M. Ardoin, président, souligne l'intérêt de la communication sur le syndrome du vacuum sinus qui ouvre un horizon sur le grand chapitre des céphalées d'origine nasale, rebelles en général à toute thérapeutique médicamenteuse.

— 50 —

BIBLIOGRAPHIE

1. *Greenfield et Studer.* — M. A. concerning some headaches and eyes desorders of nasal origin. (Kimpt. Londres 1909).

2. *Duverger et Dutheillet de Lamothe.* — Contribution à l'étude oculaires consécut'fs aux affections non suppurées des sinus (Archives d'Ophtalmolog'e. Décembre 1921).

3. *Canuyt et Terracol.* — L'obstruction de l'orifice mécanique du sinus frontal (Vacuum sinus). (Société O.N.O. de Strasbourg. Juillet 1923).

4. *Luc.* — Catarrhe douloureux à répétition de l'antre frontal. (Société Française O.R.L. Congrès 23).

5. *Aloin.* — Symptômes névralgiques et oculaires dans les affections des sinus profonds. (Revue O.N.D. Juillet 1924).

6. *Worms.* — Céphalées et troubles oculaires d'origine sinuso-nasale. (Revue O. N. O. Juilet 1924.

7. *Canuyt et Terracol.* — Le syndrome du vacuum sinus. (Annales des Maladies de l'Oreille. Mars 1924).

8. *Lapouge.* — Contribution à l'étude du vacuum sinus. (Société italienne O.R.L. Octobre 1924).

Le curettage de l'ethmoïde par voie endonasale

(EN ITALIEN)

(En Collaboration avec M. Portmann)

(*Congrès italien de Laryngologie*, Pérouse, Octobre 1922)

Après avoir rappelé la disposition anatomique du labyrinthe ethmoïdal qui tend à favoriser l'extension du processus inflammatoire et à éterniser les suppurations nasales, nous avons indiqué les signes essentiels de l'ethmoïdite ouverte ou fermée, isolée ou associée à l'empyème d'un ou des sinus voisins, frontal ou maxillaire.

L'échec des traitements médicaux de ces ethmoïdites suppurées a développé la thérapeutique chirurgicale et c'est à l'opération radicale par voie nasale que se sont ralliés depuis longtemps le professeur Moure et l'Ecole de Bordeaux.

Indications. — Deux cas peuvent se présenter : ou bien on se trouve en présence d'une ethmoïdite combinée à des lésions des sinus voisins ou bien l'ethmoïdite est isolée.

1° *Si l'antre maxillaire participe à l'infection* il convient de commencer par un curettage radical de cette cavité, intervention susceptible de guérir à la fois sinusite et ethmoïdite, dans le cas où celle-ci est peu accentuée et localisée au groupe antérieur. La suppuration ethmoïdale, en effet, n'est quelquefois qu'un empyème de voisinage disparaissant dès qu'on supprime la cause qui l'entretenait.

Fréquemment cependant, la cure radicale de la sinusite maxillaire est insuffisante et, ce sinus une fois guéri, nous nous trouvons dans le cas d'une ethmoïdite isolée.

Si le sinus frontal participe à l'infection, on commence par traiter l'ethmoïdite à l'aide d'un curettage soigneux qui, ouvrant largement le canal frontal, facilite le drainage du sinus et amène parfois sa guérison.

C'est seulement si le curettage de l'ethmoïdite n'a pas amélioré la sinusite frontale que l'on intervient directement sur le sinus.

2° *Ethmoïdite isolée.* — On pratique un curettage de l'ethmoïde après anesthésie locale par badigeonnage à la cocaïne au dixième.

Technique opératoire. — Comme l'ethmoïdite chronique s'accompagne presque toujours de dégénérescence polypoïde de la pituitaire, il faut débarrasser d'abord la fosse nasale de ces néoformations.

1er *temps*. — Ablation à l'anse froide, par section ou par arrachement, des polypes facilement accessibles.

Puis, avec la pince plate coupante et la pince à bec de canard, on grignote le cornet moyen et toute la portion des cellules ethmoïdales que l'on peut atteindre.

2e *temps*. — Le labyrinthe ethmoïdal est ouvert à peu près en entier ; mais il reste des travées celluleuses et des fongosités en

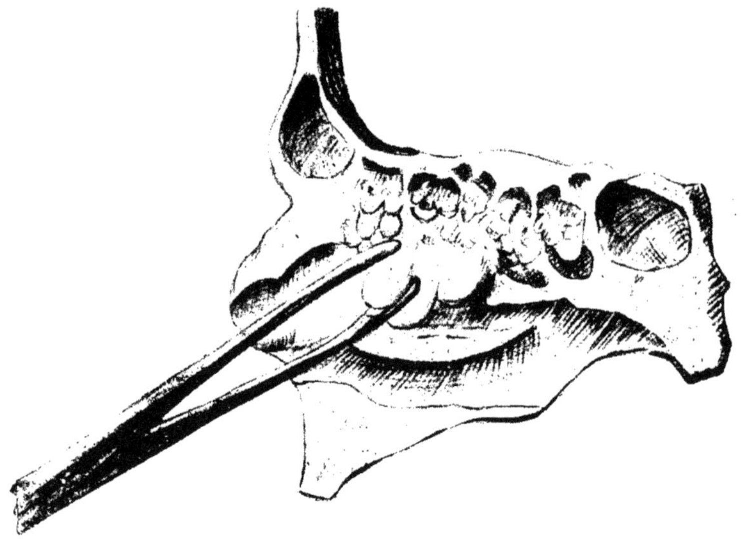

Lapouge.

Fig. 72. — *Curettage de l'éthmoïde* (1er *temps*)

grande abondance surtout derrière les os propres du nez où la pince ne peut aller. On fait alors un curettage complet de l'ethmoïde au moyen de la curette de Moure. *Cet instrument a une forme telle qu'il ne peut en aucune façon blesser la lame criblée, ni faire aucune échappée vers le crâne ou l'orbite.* Il est composé d'une cuiller très incurvée dont les parois supérieure et latérales sont mousses et arrondies : le bord antérieur tranchant interviendra seul dans le mouvement opératoire. Cette cuiller est montée sur un manche coudé, de façon à ce que l'instrument, une fois introduit dans la fosse nasale, présente à la paroi cranienne sa partie la plus arrondie.

Après avoir fait l'hémostase, s'il y a lieu, avec une mèche de gaze, on porte la curette en avant du corps du sphénoïde, derrière les masses ostéo-fongueuses qui n'ont pu être enlevées à la pince. On tire alors avec force l'instrument en lui faisant subir un mouvement de bascule et de traction horizontale d'arrière en avant. On répète cette manœuvre jusqu'à ce que la curette ne ramène plus de fongosités et que le fond supérieur des cellules ethmoïdales visibles paraisse absolument net. On éponge à la gaze et l'écoulement sanguin arrêté

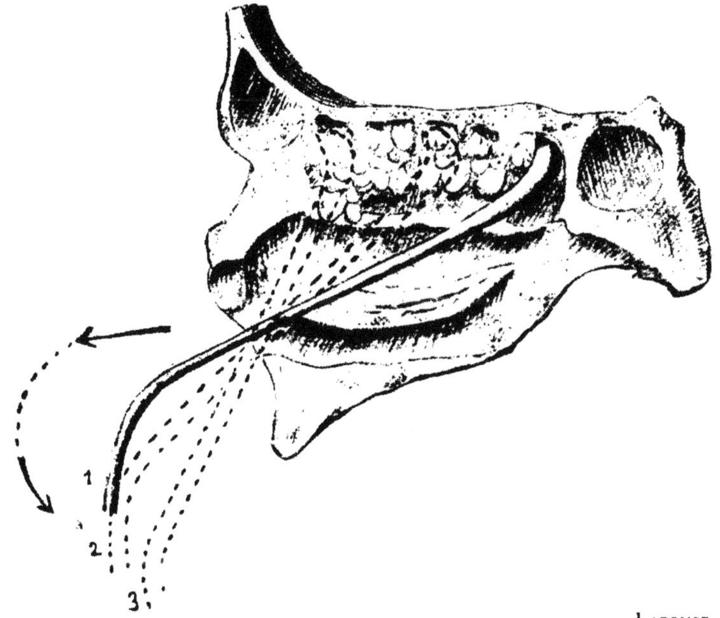

Fig. 73. — *Curettage de l'ethmoïde* (2⁰ temps)

on place un peu d'ouate à l'orifice narinaire. Si l'hémorragie est très abondante, ce qui, nous l'avons dit plus haut, est très rare, on fera un tamponnement à la gaze iodoformée qu'on laissera en place quelques jours. On déméchera progressivement, en s'arrêtant chaque fois au moment où la gaze deviendra sanguinolente.

L'hémorragie est en général peu abondante. Pas de tamponnement. *Soins postopératoires locaux :* nuls, ne pas toucher à la fosse nasale ; ni poudre, ni lavage, ni pulvérisation.

Le curettage des cellules ethmoïdales par voie nasale suivant la technique exposée dans ce travail ne présente aucun danger ni aucune difficulté opératoire.

Cette intervention simple dans son exécution est simple dans ses suites et quoiqu'elle ne mette pas le malade à l'abri d'une récidive, toujours possible, nécessitant une nouvelle opération, elle mérite peut-être d'être plus employée qu'elle ne l'a été jusqu'à présent.

LANGUE ET LARYNX

LANGUE & LARYNX

Glossite Parenchymateuse

(Archives Internationales de Laryngologie. - 1923)

M. G..., 45 ans, marié et père de deux enfants, sans antécédents héréditaires ou personnels notables, présente, au milieu de juillet 1922, de légers troubles dysphagiques et une température de 38°. Le médecin de la famille constate une simple rougeur des piliers et des amygdales, et prescrit un traitement médical qui a vite raison de ces phénomènes. Quatre ou cinq jours après tout est rentré dans l'ordre. Mais la semaine suivante, un matin, au réveil, les troubles dysphagiques réapparaissent plus violents et s'accompagnent de troubles de la parole. Le malade accuse une gêne manifeste dans les mouvements de la langue. Le médecin général, devant l'acuité des phénomènes, fait appeler l'un d'entre nous (Lapouge).

Nous trouvons un malade amaigri, pâle et fiévreux. Sa parole est difficile, sa voix amygdalienne et nasonnée. Il salive abondamment, garde la bouche entr'ouverte, et avale pén blement, marquant très nettement les différents temps de la déglutition.

Cou et régions sous-maxillaires. — Le cou n'est pas augmenté de volume et sa palpation n'est pas douloureuse. La crépitation laryngée est conservée. Par contre la région sous-maxillaire droite est le siège d'une tuméfaction légère. Elle est sensible à la pression et l'on perçoit très nettement à son niveau une zone empâtée, de l'étendue d'une pièce de cent sous. Un ganglion sous-angulo-maxillaire, douloureux, roule sous le doigt.

Bouche. — Léger trimus. La langue est pileuse et globuleuse. Ses mouvements sont très limités dans toutes les directions, en haut, latéralement, et surtout en avant. La pointe en effet, dépasse difficilement les arcades dentaires; elle est déviée à droite présentant ainsi le signe de « l'amarre » de Sebileau, retrouvé généralement dans les néoplasies malignes.

L'abaisse-langue déprime facilement l'hémilangue gauche et découvre la région amygdalienne homolatérale qui ne présente d'ailleurs rien de particulier. La partie droite, au contraire, du corps de la langue résiste à une pression soutenue de l'instrument et masque presque toute la région amygdalienne du même côté. Le voile est normal ainsi que la paroi pharyngée postérieure et le naso-pharynx.

La denture est défectueuse. Une pyorrhée alvéolo-dentaire, généralisée, et surtout marquée à la région molaire droite, ébranle les dents et rend l'haleine fétide.

Palpation. — La langue est douloureuse dans toute sa masse, mais surtout en arrière et à droite où l'on constate un noyau très induré, du volume d'une noix, siégeant en plein parenchyme. La face inférieure droite de la langue et le plancher adjacent sont également indurés et douloureux à la pression. La palpation endobuccale combinée à la palpation externe (2 doigts appliqués extérieurement au niveau de la tuméfaction sous-maxillaire droite) permet de localiser très nettement la zone empâtée du plancher. Elle siège exactement dans la région de la glande sublinguale.

Examen laryngoscopique. — L'amygdale linguale est rouge et légèrement tuméfiée; de même, le repli ary-épiglottique droit. L'épiglotte est normale ainsi que l'exo et l'endolarynx. Devant l'absence de phénomènes laryngés, et aussi de fluctuation dans la zone empâtée, nous restons dans l'expectative et prescrivons des lavages de bouche et des pansements humides très chauds en permanence sur le cou.

La nuit est bonne; le lendemain le malade se sent mieux, cause plus facilement, avale des aliments solides et se lève quelques heures. Le surlendemain l'amélioration s'accentue.

Mais trois jours après, très brusquement et, de nouveau, le matin au réveil, la dysphagie violente réapparaît et s'accompagne cette fois de troubles dyspnéiques légers *sans température*. Une consultation a lieu. Constatant les mêmes lésions décrites plus haut mais plus accusées et surtout compliquées d'un œdème de l'épiglotte, nous décidons d'intervenir par voie externe.

Opération (16 août 1922) (KENDIRJY). — C'est l'opération classique de la découverte de l'artère linguale dans le triangle de Pirogoff, pratiquée sous anesthésie locale. Dissociation de l'hyo-glosse : rien dans le tissu cellulaire sous-jacent. Des ponctions, d'abord avec la pointe du bistouri, ensuite avec la sonde cannelée, dans les masses musculaires indurées de la base de la langue, ne ramènent pas de pus, mais du sang en abondance. Drainage avec une mèche de gaz. Trois points de suture. Pansement humide.

Suites opératoires. — Le lendemain de l'opération le malade se sent mieux. Il parle et avale plus facilement; l'œdème de l'épiglotte a disparu ainsi que celui des replis ary-épiglottiques. Au point de vue local, la base de la langue est certainement moins globuleuse et le noyau induré moins étendu; de même, le plancher apparaît un peu plus souple. Mais cinq ou six jours après, l'amélioration progressive et lente s'arrête. Alors que la plaie opératoire externe est déjà cicatrisée (les fils sont enlevés) on constate toujours la plaque cartilagineuse du plancher et de la face inférieure de la langue. Celle-ci est encore limitée dans ses mouvements. Nous pensons qu'il s'agit de ne plus se préoccuper et de reprendre peu à peu sa vie et son alimentation normales.

Mais les jours passent et l'état reste stationnaire : toujours la même induration, et quelques douleurs irradiées dans l'oreille droite qui ne sont point sans nous inquiéter. Pour écarter la syphilis nous faisons faire un Bordet-Wassermann : le résultat est négatif.

L'un de nous (Lapouge) pensant à la persistance d'un petit foyer purulent central, avec réaction inflammatoire périphérique, ayant échappé à la sonde cannelée au cours de l'intervention, nous pratiquons sans aucun succès 12 ponctions exploratrices au cœur même de la masse indurée. Il ne sort que du sang. Deux pointes de galvanocautères sont plongées en plein tissu, sans plus de résultat; pas de pus, pas même de sérosité.

Devant cette plaque cartilagineuse, cette immobilisation partielle de la langue qui tend à s'éterniser, et cet état général mauvais, nous pensons au néoplasme, mais avant de faire une prise pour biopsie, nous décidons d'attendre, tout en surveillant le malade.

Celui-ci revient nous voir au bout d'un mois, presque guéri. Il parle facilement et s'alimente comme autrefois. Son état général est bon (reprise de 9 kilos sur 12 perdus au cours de la maladie). Au point de vue local, la langue est souple et mobile. Il reste néanmoins un tout petit noyau induré au niveau du plancher, noyau vraisemblablement responsable de la légère déviation à droite que présente encore la langue lorsque le malade la tire.

CONCLUSION

Nous nous trouvons en présence d'une glossite parenchymateuse *sans pus*, ayant évolué en trois mois et dont la cause nous paraît être la pyorrhée alvéolo-dentaire plutôt qu'une amygdalite linguale. Un

début brusque, des améliorations passagères, des poussées inquiétantes et enfin un passage à la chronicité non moins troublant, sont
les phénomènes les plus saillants de cette affection. C'est ce dernier
stade, celui de la chronicité, qui mérite surtout d'attirer notre attention. Si nous avions examiné le malade pour la première fois à cette
période, le diagnostic de néoplasme eût sans doute été posé en raison
de cette immobilité partielle de la langue, de ces douleurs irradiées
à l'oreille, enfin et surtout de cette plaque cartilagineuse chez un
fumeur de 45 ans.

Nous pouvions songer aussi à une glossite tertiaire syphilitique
(forme scléreuse) qui présente de grandes analogies avec l'affection
qui nous occupe.

Cette forme d'abcès de la langue a bien été signalée, mais les
auteurs classiques (Broca, Morestin, Lenormant) ne l'ont fait qu'effleurer. Tout récemment, Combier et Murard (de Lyon) ont publié
dans la *Presse médicale* du 13 septembre 1922, deux observations
fort intéressantes d'abcès de la langue. Ils parlent, en effet, d'une
forme profonde fixant la langue au plancher, avec induration profonde et légère adénopathie. Tous ces signes se rencontraient dans
notre cas, mais là où siège la différence, c'est dans l'intervention elle-
même, qui permit aux auteurs en question de découvrir et d'évacuer
un verre à liqueur de pus très fétide. « Le pus a échappé à vos recherches », va-t-on nous objecter... Cette éventualité nous paraît difficile.
Douze ponctions exploratrices dans une région aussi limitée, une
intervention large et profonde, deux ponctions au galvanocautère,
sont, ce nous semble, de nature à l'écarter. Nous n'avons d'ailleurs
jamais eu l'impression de pénétrer dans une cavité purulente, si
petite fût-elle ; notre aiguille, au contraire, traversait un tissu uniformément lardacé jusqu'aux parties voisines normales.

Il nous a paru intéressant de signaler ce cas, en raison de sa
forme clinique tout à fait singulière, et de cette évolution aussi lente,
qui, un instant, du moins chez l'un de nous, en égarant le diagnostic,
a pu faire craindre une lésion sévère.

Les Glosso-Epiglottites sans pus

(*Revue de Laryngologie* - 15 Janvier 1924)

INTRODUCTION. — La base de la langue, l'amygdale linguale, les replis glosso-épiglottiques et l'épiglotte, bien qu'organes fonctionnellement distincts, forment une région anatomique assez bien limitée qui jette quelque lumière sur la pathologie de ce secteur aéro-digestif. On observe, en effet, assez fréquemment des inflammations aiguës simultanées du corps de la langue, de son amygdale et de l'épiglotte. L'infection qui frappe un de ces organes gagne aisément le voisin. Le tissu cellulaire lâche glosso-épiglottique et la richesse vasculaire de cette région sont responsables de cette propagation.

Ces inflammations glosso-épiglottiques sont suppurées ou simplement congestives, à forme infiltro-œdémateuse, et fréquemment à allure subaiguë. Nous n'envisagerons dans ce travail que ces dernières, les phlegmons proprement dits ayant été largement étudiés.

Nous avons eu, d'autre part, l'occasion d'observer, ces deux dernières années, trois cas de glosso-épiglottites sans pus, à évolution spéciale, tantôt avec de simples phénomènes conjestifs, tantôt au contraire avec des phénomènes parenchymateux, à tendance chronique, et de nature à égarer le diagnostic. Ces observations, dont une a été publiée l'année dernière, nous ont inspiré ce travail.

RAPPELS ANATOMIQUES. — La face pharyngienne de la base de la langue, l'amygdale linguale, les replis et fossettes glosso-épiglottiques et la face antéro-supérieure de l'épiglotte constituent la paroi antérieure du pharynx buccal. On peut considérer à cette région glosso-épiglottique une face postérieure, deux extrémités et deux bords latéraux.

FACES. — La face présente l'amygdale linguale, ensemble de follicules lymphatiques, plus ou moins nombreux et plus ou moins volumineux, d'abord réunis en une masse unique et scindés vers quatorze ou quinze ans en deux masses latérales, généralement symétriques, séparées par une bande lisse afolliculaire, s'étendant du foramen cæcum au repli glosso-épiglottique médian.

La partie inférieure de la base de la langue est prolongée en bas et en arrière par la région glosso-épiglottique proprement dite et l'épiglotte. Trois replis importants relient la langue à l'épiglotte : ce sont les replis glosso-épiglottiques latéraux et le repli glosso-épiglottique médian. Cordons conjonctivo-vasculaires, ils soulèvent la muqueuse, relativement lâche, et forment ainsi deux fossettes importantes, les fossettes glosso-épiglottiques.

La face antérieure de l'épiglotte prolonge directement la région précédente. D'ailleurs, sa constitution histologique la rapproche beaucoup plus du secteur glosso-épiglottique que de sa face postérieure ou endolaryngée. Nous avons là l'explication très claire des inflammations aiguës du carrefour glosso-épiglottique.

On trouve en effet sur la face linguale de l'épiglotte, et surtout au niveau des vallécules un tissu conjonctif sous-muqueux très lâche et très abondant, en rapport immédiat avec le corps musculaire de la base de la langue dont il n'est séparé par aucune cloison étanche. Les espaces interfasciculaires du muscle lingual supérieur communiquent directement avec le tissu conjonctif sous-muqueux de la face antérieure de l'épiglotte, qui lui-même fait suite, latéralement, au tissu sous-muqueux des piliers antérieurs et du voile.

Par contre, sur deux autres points, le tissu cellulaire de la face linguale de l'épiglotte est nettement limité et séparé des tissus voisins par une barrière plus ou moins franchissable :

a Au niveau du bord supérieur de l'épiglotte ;

b) Au niveau du ligament thyro-hyo-épiglottique ou mieux pharyngo-épiglottique, qui sépare la face antérieure de l'épiglotte du sinus piriforme.

RAPPORTS DE LA RÉGION GLOSSO-ÉPIGLOTTIQUE. — Par ses bords latéraux, cette région est en rapport avec les parties inférieures des deux loges amygdaliennes, et partant avec les amygdales palatines. L'intervalle qui sépare la base de la langue, ou même l'amygdale linguale. de l'amygdale palatine est le siège de nombreuses glandes folliculaires qui forment une traînée presque ininterrompue, plus ou moins accusée suivant les individus. Les bords latéraux de la région glosso-épiglottique sont, en outre, en rapport avec les gouttières pharyngo-laryngées.

De cet aperçu anatomique, deux faits sont à retenir :

1° Les relations étroites entre la base de la langue et l'épiglotte ; non seulement rapport de voisinage ou de continuité, mais aussi rapport intime (muqueuse, sous-muqueuse, connexions vasculaires).

2° Relations également étroites entre cette région glosso-épiglottique et les amygdales palatines. La pathologie amygdalienne commande la pathologie glosso-épiglottique.

ÉTIOLOGIE. — Les glosso-épiglottites sans pus paraissent atteindre tous les âges ; les cas personnels dont nous publions plus loin les observations se rapportent à des individus respectivement âgés de vingt, quarante-cinq et soixante-cinq ans. Les deux sexes sont indifféremment touchés.

Comme causes prédisposantes, sont à signaler :

1° Les troubles de l'état général (débilités, convalescents, tarés, alcooliques, syphilitiques). Nous écartons à dessein les poussées infiltro-œdémateuses glosso-épiglottiques chez les cardio-rénaux, les hépatiques, les rhumatisants et les goutteux, poussées qui ne sont qu'une manifestation locale d'une maladie générale chronique et qui sont d'ailleurs parfaitement connues aujourd'hui.

2° Les troubles chroniques de l'état bucco-pharyngé ont une influence marquée sur l'éclosion des phénomènes aigus ou subaigus glosso-épiglottiques. Nous avons désigné les amygdales cryptiques et infectées, linguales comme palatines, les dentures défectueuses avec pyorrhée alvéolo-dentaire, les infections latentes du cavum (adénoïdites), des fosses nasales (coryza muco-purulents) et des sinus.

Certaines glosso-épiglottites sont consécutives aux inflammations des glandes sous-maxillaires ; nou venons d'observer un cas de sous-maxillite aiguë gauche par lithiase, compliquée de tuméfaction légère de la base de la langue et des replis glosso-épiglottiques.

Causes déterminantes. — Toute poussée infectieuse (grippale ou autre) des régions bucco-pharyngées et, en particulier, de l'amygdale linguale, des amygdales palatines, de la bouche (stomatites et gingivites).

Le froid, en diminuant la résistance de l'individu et fortifiant au contraire l'élément microbien, joue un rôle incontestable dans l'éclosion de ces œdèmes glosso-épiglottiques. Worms et Bercher insistent tout particulièrement sur ce facteur étiologique.

Les traumatismes, les piqûres (arrètes, esquilles d'os), déclenchent quelquefois les glosso-épiglottites en provoquant, par l'érosion de la muqueuse, une porte d'entrée à l'infection.

A signaler encore les cautérisations galvaniques de la muqueuse bucco-pharyngée.

Il y a enfin des cas d'œdèmes subits chez des sujets sans tares. Ne s'agit-il point là d'œdèmes angioneurotiques, de ces fluxions fugaces, brutales dans leur début et leur terminaison ?

MICROBIOLOGIE. — Il est difficile de parler microbiologie dans une affection sans pus. En effet, la sérosité recueillie chez un de nos malades par ponction de la face antérieure de l'épiglotte n'a point cultivé.

Par contre, l'examen, chez ce même malade et chez un autre présentant les mêmes phénomènes glosso-épiglottiques, des frottis d'exsudats tonsillaires (amygdales linguale et palatine) ont décelé une flore microbienne particulièrement riche (pneumocoques très nombreux, staphylocoques et fuso-spirilles). Cette activité microbienne a présidé vraisemblablement à l'envahissement du secteur glosso-épiglottique.

Pathogénie. — Elle est très claire lorsque l'inflammation du carrefour fait suite à une amygdalite (linguale ou palatine) à une stomatite ou gingivite aiguë.

L'infection gagne directement la base de la langue et la face antérieure de l'épiglotte, soit par la traînée folliculaire, soit par le tissu conjonctif sous-muqueux, soit encore par le réseau vasculaire et lymphatique, particulièrement riche en ce point.

Anatomie pathologique. — N'ayant pas eu de décès parmi les trois malades que nous avons eu l'occasion d'observer, nous ne pouvons nous baser que sur les observations, d'ailleurs très rares, de glosso-épiglottites ou mieux de glossites mortelles, rapportées dans la littérature.

Il y a dans ces glossites sans pus une infiltration très accusée du corps même de la langue, infiltration qui, d'après Sabrazès et Bousquet, n'intéresse point les fibres musculaires elles-mêmes, mais les écarte et les repousse.

Il s'agit, d'après eux, non pas de glossites proprement dites, mais bien plutôt de glossites interstitielles.

Quant à l'épiglotte, elle est infiltrée au niveau de sa sous-muqueuse lâche, c'est-à-dire uniquement sur sa face antérieure linguale.

Symptomatologie. — *Début.* — L'affection s'annonce brusquement par des phénomènes généraux et des phénomènes locaux (troubles fonctionnels et troubles objectifs).

1° *Phénomènes généraux.* — La température est une des premières manifestations. Elle est élevée et se maintient sans rémission marquée pendant les deux premiers jours.

Les céphalées sont très accusées, les frissons et courbatures manquent rarement. C'est, en résumé, le tableau d'une affection violente aiguë. Ces phénomènes généraux apparus brutalement s'amendent assez vite. Dès le troisième jour, la température cède pour se maintenir aux environs de la normale, les frissons se font plus rares, la céphalée seule, assez souvent localisée à la nuque, persiste un peu plus longtemps.

2° *Phénomènes locaux.* — a) *Troubles fonctionnels.* Le premier en date et le plus violent est la douleur à la déglutition, assez fréquemment localisée d'un seul côté. Le malade, ne pouvant avaler, crache continuellement sa salive, d'ailleurs à débit augmenté. Il garde la bouche entr'ouverte et, dans les cas très aigus, il bave constamment.

On observe simultanément une gêne très marquée des mouvements de la langue, dans les sens latéraux et surtout dans le sens postéro-antérieur : la langue franchit difficilement les arcades dentaires : l'haleine est fétide et âcre.

b) *Troubles vocaux*. Ils sont légers, puisque la lésion est localisée à la face antérieure de l'épiglotte. On observe néanmoins un peu de raucité de la voix et une certaine difficulté dans l'émission des sons. Il y a nasonnement et timbre amygdalien.

c) *Troubles respiratoires*. En général, peu accusés. Absents le jour, ils se manifestent plutôt la nuit lorsque le malade est en position allongée. La dyspnée est alors surtout inspiratoire

Lorsque l'infiltration de l'épiglotte est très marquée, il peut y avoir menace d'asphyxie nécessitant une trachéotomie d'urgence. Cette forme est rare.

d) *Douleurs*. Le malade a la sensation d'avoir, au niveau du pharynx, un corps étranger, une « boule » douloureuse. La sensibilité s'exacerbe aux moindres mouvements de déglutition et, malheureusement, ceux-ci sont d'autant plus fréquents que le malade fait tous ses efforts pour les empêcehr. Il y a là un phénomène physiologique bien regrettable : toute sensation de corps étranger pharyngien provoque la déglutition.

On observe également des douleurs irradiées le long du bord antérieur du sterno-cléido mastoïdien, vers l'oreille. La pression externe, au niveau des régions sous-maxillaires, accuse la douleur, de même l'examen au miroir ou au doigt de la cavité bucco-pharyngée.

Le trismus existe fréquemment : réaction de défense, l'examen l'exagère.

3° *Phénomènes objectifs*. — a) *Langue*. Elle est globuleuse, surtout au niveau de sa base ; plus ou moins tuméfiée suivant qu'un des côtés est plus ou moins touché ; l'abaisse-langue la déprime difficilement et douloureusement.

La palpation révèle une induration très marquée de la base et, fréquemment, un empâtement du plancher dans la partie toute postérieure.

L'examen au miroir éclaire immédiatement le diagnostic. La traction de la langue est presque impossible, en tous cas très douloureuse : son abaissement forcé est extrêmement pénible.

Telles sont les deux grands symptômes des glosso-épiglottites.

b) *Amygdale linguale*. Elle est très enflammée : sa couleur tranche nettement sur les parties environnantes. Les espaces interfolliculaires sont remplis d'exsudats pultacés, blanc grisâtre.

Il y a périamygdalite linguale, quelquefois même, périamygdalite palatine.

c) Région glosso-épiglottique. Les saillies en sont effacées les fossettes œdématiées et rouges. L'épiglotte est rejetée en arrière et masque la cavité laryngée. Elle est très rouge, tuméfiée, prend quelquefois l'aspect en museau de tanche.

La palpation, d'ailleurs très douloureuse, la révèle très indurée. Le reste de la cavité bucco-pharyngée participe plus ou moins aux phénomènes inflammatoires que nous venons de décrire.

Les amygdales palatines, dont l'infection a très souvent précédé, sont encore tuméfiées et recouvertes d'exsudats ; les gencives inférieures sont douloureuses et recouvertes aussi d'enduit blanchâtre avec îlots grisâtres.

d) Cou. Il est quelquefois tuméfié. On observe alors une saillie douloureuse à la pression, au niveau d'une des glandes sous-maxillaires. Les ganglions carotidiens, sous-maxillaires, et sous-mentaux sont, en général, engorgés et douloureux.

ÉVOLUTION. — La maladie évolue plutôt lentement. Alors que les phénomènes généraux disparaissent, les phénomènes locaux persistent. La langue demeure globuleuse et gênée dans ses mouvevents. Les troubles fonctionnels persistent sans amélioration pendant une ou plusieurs semaines, ce qui n'est point sans troubler le praticien et l'entourage du malade.

Au bout d'un certain temps, qui varie d'une semaine à deux ou même trois mois, lentement, sous l'influence d'un traitement antiphlogistique et désinfectant l'affection régresse pour disparaître tout à fait.

TERMINAISON. — La terminaison est donc la résolution au bout d'une période plus ou moins longue.

Il arrive pourtant, et là est le danger, que la glosso-épiglottique, jusque-là sans pus, se transforme en phlegmon. On en conçoit alors la gravité, en raison du siège juxta-laryngé de l'affection.

FORMES CLINIQUES. — Suivant que la langue ou l'épiglotte est primitivement ou secondairement touchée, suivant que la lésion prédomine à l'un ou l'autre de ces deux organes, on a des formes cliniques différentes : forme linguale, forme épiglottique. La première serait plus fréquente ; suivant enfin la durée d'évolution on a des formes variables :

La forme subaiguë qui évolue en quelques heures (forme angioneurotique, rare).

La forme aiguë qui évolue en quelques jours.

La forme subaiguë, dont l'allure fait craindre le passage à la chronicité : elle évolue en plusieurs semaines, parfois même en un mois. C'est sur cette dernière forme qu'il faut insister : elle est troublante et par son évolution, et par son syndrome. Une induration inquiétante de la base de la langue et de l'épiglotte, des douleurs erradiées, pas de fièvre, mais un état général mauvais (facies pâle et amaigrissement) en sont les signes les plus saillants. On cherche en vain du pus ; les ponctions restent blanches, le bistouri ne pénètre qu'un tissu lardacé sans pus.

Le passage à la chronicité est possible.

La base de la langue et l'épiglotte demeurent indurées et maladroites. Il s'agit alors d'une macroglossie localisée, acquise, semblable à la macroglossie signalée par Bourgeois et survenant à la suite de glossite suppurée aiguë.

La séquelle assez fréquente paraît être l'amygdalite linguale chronique (Moure) avec poussées intermitentes, se traduisant par des phénomènes douloureux et de la péri-amygdalite linguale.

On observe enfin des hémiglosso-épiglottites sans pus.

Le septum lingual, le ligament glosso-épiglottique médian, le tractus fibreux qui sépare en deux tronçons l'amygdale linguale, l'indépendance des territoires vasculaires droit et gauche, son, vraisemblablement les causes de ces inflammations limitées à une moitié de langue, et quelquefois d'épiglotte.

Pronostic. — Il est relativement bon et ne s'assombrit que si l'infiltration fait du pus, complication évidemment possible, si l'on songe que l'œdème glosso-épiglottique baigne dans un milieu septique, dont il est séparé seulement par une muqueuse fragile, exposé aux érosions, ou mieux encore ouverte fréquemment par des mains trop chirurgicales (incision, thermo, ponction).

Complications. — La complication des glosso-épiglottites sans pus est le phlegmon glosso-épiglottique avec son cortège impressionnant de symptômes, sa propagation au larynx, ou au plancher buccal, localisations fréquemment mortelles.

La gangrène peut être un mode de terminaison de l'infiltration glosso-épiglottique, en particulier chez les diabétiques, les débilités et les vieillards. La région atteinte noircit et se sphacèle. La mort survient par septicémie.

L'œdème de la glotte avec phénomènes asphyxiques est enfin possible, mais il est plutôt rare en raison des dispositions anatomiques signalées plus haut.

Diagnostic. — Trois symptômes sont pathogonomoniques de la localisation œdémateuse à la base de la langue et à la face antérieure de l'épiglotte :

1° La sensation de « boule douloureuse » au fond de la gorge et la dysphagie qui l'accompagne ;

2° La douleur provoquée par l'abaissement de la langue pendant l'examen (Moure) ;

3° La traction extrêmement pénible de la langue pour l'examen laryngoscopique.

Celui-ci, enfin, montre bien vite la localisation des phénomènes infectieux.

Période aiguë. — Y a-t-il abcès ou seulement infiltration œdémateuse ? Telle est la question qui se pose et dont l'importance est capitale au point de vue pronostic et traitement.

Dans la simple infiltration, la base de la langue et la face linguale de l'épiglotte nous apparaissent uniformément rouges et tuméfiées. L'abcès, au contraire, se manifeste par une teinte jaunâtre généralement mieux localisée. La transparence de la muqueuse glosso-épiglottique trahit le pus. La tuméfaction siège très souvent à l'un des côtés de la région.

Le toucher nous donne de précieux renseignements : la forme infiltrée se révèle uniformément dure ; base de la langue et épiglotte sont tendues et résistantes. En cas d'abcès, il n'est point rare de percevoir au doigt une zone ramollie, parfois même fluctuante, entourée d'une zone infiltrée. Le diagnostic n'en reste pas moins très délicat.

Période subaiguë. — La glosso-épiglottite doit alors se distinguer :

1° *Des lésions œdémateuses tuberculeuses :* celles-ci sont plutôt laryngées que linguales, et surtout l'examen des poumons et les anamnèses sont là pour faciliter le diagnostic.

2° *De la gomme.* Elle est mieux localisée, elle a en général une évolution plus longue ; les antécédents et la réaction de Bordet-Wassermann sont de nature à nous éclairer.

3° *Du cancer.* Dans certaines formes lentes de glosso-épiglottites qui ont tendance à fuser vers le plancher, à fixer la langue, à provoquer des douleurs irradiées à l'oreille (cas n° 1 rapporté plus loin), le diagnostic n'est point toujours facile, surtout si l'on n'a point assisté aux phénomènes brusques du début. L'absence d'ul-cération, les améliorations intermittentes, et surtout l'histoire de la maladie (début à grand fracas) sont de nature à nous rassurer et permettent d'écarter le néoplasme.

TRAITEMENT. — Il doit être avant tout médical ; calmants, opiacés, boissons glacées qui décongestionnent et anesthésient. Désinfection buccale fréquente, grands lavages et bains de gorge (Moure recommande de faire le glou-glourisme, c'est-à-dire de répéter en se gargarisant les syllabes : glou-glou).

On doit joindre au traitement endobuccal des pansements humides très chauds sur le cou. Le malade doit être couché la tête haute.

Interventions chirurgicales. — Nous verrons dans le premier cas que nous publions l'échec du traitement chirurgical. Celui-ci n'a sa raison d'être qu'en cas de complication purulente, ou d'obstacle mécanique au passage de l'air.

Dans la première éventualité, il n'y a pas de règle : on ouvre où le pus se collecte, par la bouche ou par la région sous-maxillaire. Dans la seconde, l'opération la plus logique est la diminution à l'emporte-pièce de l'épiglotte (Moure), puisque la cavité endolaryngée est saine.

Si les phénomènes asphyxiques persistent inquétants, il faut avoir recours à la trachéotomie. On a alors le choix entre la trachéotomie proprement dite et la laryngotomie intercrico-thyroïdienne.

OBSERVATION I

M. G... (de Nice), quarante-cinq ans, sans antécédents notables, présente fin juillet 1922, des troubles dysphagiques très accusés pour lesquels je suis appelé. Je trouve un malade amaigri et fiévreux, parlant et avalant avec difficulté. La bouche entr'ouverte laisse écouler la salive.

Examen. — La région sous-maxillaire droite est le siège d'une tuméfaction légère; elle est douloureuse et empâtée. Léger trismus. Les mouvements de la langue sont limités dans toutes les directions, mais surtout en avant. La pointe ne franchit pas les arcades dentaires, est déviée à droite et présente le signe de « l'amarre » de Sebileau. L'abaisse-langue ne déprime que très difficilement l'hémilangue droite. Il existe une pyorrhée alvéolo-dentaire très marquée. L'haleine est fétide. A la palpation, la langue est douloureuse dans toute sa masse, mais surtout en arrière et à droite où l'on trouve un noyau très induré. Il existe une zone empâtée dans la région sublinguale.

Examen laryngoscopique. — L'amygdale linguale est rouge et tuméfiée. L'épiglotte, d'abord indemne, s'œdématie bientôt sur sa face antérieure; la voix devient rauque.

Devant ces manifestations laryngées on intervient.

Opération le 16 août 1922 (Kendirjy et Lapouge). — Opération classique de la découverte de la linguale dans le triangle de Pirogoff. Rien dans le tissu cellulaire sous-jacent. Des ponctions au bistouri et à la sonde cannelée dans les masses musculaires indurées de la base de la langue ne ramènent pas de pus. Suture, pansements humides.

Suites opératoires. — Amélioration immédiate des troubles dysphagiques et disparition des phénomènes généraux. L'œdème de l'épiglotte a disparu, mais la langue reste grosse et maladroite et garde *son novau induré*. Le plancher n'est pas souple. L'état reste stationnaire; il y a même de petites poussées fluxionnaires. *Wassermann négatif.* Nouvelles ponctions exploratrices de la masse indurée, sans résultat. Devant cette immobilisation partielle de la langue et un état général mauvais qui tendent à s'éterniser, nous pensons au cancer, et nous restons dans l'expectative. Le malade revient nous voir un mois et demi plus tard, complètement guéri.

Il s'agissait d'une glossite parenchymateuse sans pus avec participation épiglottique, ayant évolué en trois mois. Un début brusque, des améliorations passagères, des poussées inquiétantes et enfin un passage à la chronicité non moins troublant ont été les phénomènes les plus saillants de cette affection.

OBSERVATION II

Mme P.... soixante-trois ans, de Draguignan, nous est adressée par son médecin général le 6 mars 1923. Son histoire est la suivante :

Il y a dix jours, après une promenade, la malade a ressenti une violente douleur au niveau du pharynx, avec sensation de corps étranger et une gêne à la déglutition. La température s'est élevée à 38"5. Insomnies et agitations.

Le médecin de la famille a fait appliquer des pansements humides chauds et prescrit des lavages de bouche à l'eau boro-oxygénée.

Au moment où j'examine la malade, la température est tombée, mais nous nous trouvons en présence d'une malade très inquiète et très déprimée.

La bouche s'ouvre sans difficulté, mais la langue est très gênée dans ses mouvements et ne peut franchir les arcades dentaires.

L'abaisse-langue provoque une *douleur extrêmement* aiguë. La malade pousse un cri et se dresse.

L'examen laryngoscopique décèle bien vite le siège de la lésion : la base de la langue est globuleuse, l'amygdale linguale tuméfiée, les replis glosso-épiglottiques sont effacés, et la face antérieure de l'épiglotte est très dure au toucher.

Rien dans la cavité endolaryngée.

La malade se plaint de légers troubles dyspnéiques nocturnes; elle a une voix nasonnée et parle assez difficilement.

Denture très mauvaise.

L'examen des différents organes est négatif. Les urines sont normales.

Nous portons le diagnostic de glosso-épiglottite sans pus (forme linguale). Eduqué par le malade précédent et devant l'absence de phénomènes dyspnéiques marqués, nous écartons toute intervention et conseillons des bains de bouche, des boissons glacées, et des pansements humides externes, avec surveillance très étroite.

Nous revoyons la malade quatre fois en un mois. Au dernier examen, la langue est souple, la déglutition presque normale. Il ne persiste qu'un léger œdème du repli glosso-épiglottique droit.

OBSERVATION III

Mlle J. B...., de Nice, vingt ans, nous est adressée le 14 juin 1923. Son histoire est la suivante :

Depuis deux jours, à la suite d'une amygdalite palatine banale, la malade accuse une douleur très marquée à la déglutition et une sensation de corps étranger au niveau de la partie médiane du pharynx. Facies pâle et fatigué. Température 38"2. Haleine fétide, pouls très rapide.

Examen. — La bouche s'ouvre facilement. La langue est assez souple et n'est gênée que dans la traction postéro-antérieure. Voix rauque. Déglutition très pénible. L'abaisse-langue exacerbe la douleur.

Examen laryngoscopique. — Epiglotte très rouge et très tuméfiée sur la face linguale. Fossettes glosso-épiglottiques effacées. Amydale linguale augmentée de volume et recouverte d'enduit pultacé. La base de la langue est tuméfiée et très dure au toucher.

Les amygdales palatines sont cryptiques et caséeuses.

L'examen des autres organes et des urines est négatif.

Diagnostic : Glosso-épiglottite sans pus (forme épiglottique), consécutive à une amygdalite palatine.

Traitement antiphlogistique.

L'amélioration est rapide, mais poussée nouvelle vingt jours plus tard, après inflammation aiguë des amygdales palatines.

Mêmes symptômes, même traitement.

Après refroidissement et pour éviter le retour d'accidents glosso-épiglottiques, nous faisons une amygdalotomie palatine maxima, après section des piliers antérieurs.

Cicatrisation très rapide. Depuis, pas de récidives.

BIBLIOGRAPHIE

BOUCHARD. — Angine laryngée œdémateuse (*Bull. de thérapeutique*).

GUENEAU DE MUSSY. — Hémiglossites (*Arch. gén. de médecine*, avr.l 1879, p. 385).

CHARAZAC. — Etude sur l'œdème du larynx (Thèse de Bordeaux, 1884).

BROUSSE et BRAULT. — Phlegumons du carefour glosso-épiglottique (Revue de chirurgie (1893).

DAIREAUX. — Abcès rétrolingual (Thèse de Lyon, 1897).

LEWIS. — Œdème angio-neurotique (*New York med. Journ.*, 9 octobre 1897).

LUBET-BARBON. — Œdème inflammatoire laryngé (Soc. française, mai 1901).

MOURE. — *Traité des maladies de la gorge*, 1904 (Doin, éditeur).

DEVE. — Glossite (Province médicale, 29 septembre 1906).

GAILLARD. — Œdème aigu de la langue (*Soc. méd. des Hôpitaux de Paris*, 16 mars 1906).

SABRAZÈS et BOUSQUET. — Glossite aiguë (Presse médicale, 30 juin 1907).

SCHREIBER. — Phlegmons linguaux (*Paris médical*, 1908, p. 229).

SAINTON. — Hémiglossite au cours de la rougeole (*Soc. méd. des Hôpitaux de Paris*, 12 mai 1916).

LENORMAND. — Pathologie chirurgicale, 1914, tome II.

BOURGEOIS. — In *Traité d'oto-rhino-laryngologie*, 1921.

CITELLI. — *Traité d'oto-rhino-laryngologie*, 1920.

COMBIER et MURARD. — Hémiglossite (*Presse médicale*, 13 septembre 1922).

WORMS et BERGHER. — Hémiglossite (*Presse médicale*, 11 novembre 1922).

1. Sur un Cas de Tuberculose

(En collaboration avec Portmann)

2. Le Fibro-Tuberculome du Larynx

Travail de la Clinique d'Oto-Rhino-Laryngologie de la Faculté de Médecine de Bordeaux

INTRODUCTION

Notre médecine contemporaine fait chaque jour de nouveaux progrès dans les voies de la recherche scientifique. Qu'il s'agisse de bactériologie pure, de réactions sériques, les techniques se multiplient et deviennent de plus en plus précises.

Sans doute le laboratoire ne donne point des diagnostics tout faits. Il faut d'ailleurs éviter de les lui demander. Mais il complète toujours l'étude clinique du malade, l'éclaire très souvent et quelquefois la rectifie.

En s'aiguillant sur le laboratoire l'oto, rhino, laryngologie, comme la plupart des spécialités, gagne chaque jour davantage. Les examens bactériologiques y deviennent classiques et sont de pratique courante. La bouche et surtout l'arrière-gorge s'aressent particulièrement au microscope. On n'est autorisé à se prononcer sur une lésion pharyngée douteuse qu'après des recherches variées, cultures, inoculations, voire même séro-réactions, absolument nécessaires pour affirmer une mycose, une fuso-spirillose, et surtout une diphtérie, dont le diagnostic précoce a une si grande importance.

Les études anatomo-pathologiques sont, par contre, beaucoup moins vulgarisées, et relativement rares sont les spécialistes qui pour chaque production néoplasique laryngée font une prise biopsique. Depuis peu les recherches activement poursuivies par le docteur Georges Portmann à la Faculté de médecine de Bordeaux, dans le laboratoire du professeur G. Dubreuil confirment chaque jour l'avantage que l'oto, rhino laryngologie trouve dans les examens histologiques un complément de diagnostic sûr, venant s'ajouter utilement au syndrome clinique. Ces travaux ont porté en particulier sur les tumeurs du larynx et lui ont permis de décrire une forme de tuberculose, jusqu'alors méconnue, dont l'allure clinique et l'évolution en imposaient pour un néoplasme malin et était traitée comme tel, c'est-à-dire chirurgicalement. L'on devine aisément les médiocres résultats de pareilles interventions.
courante. La bouche et surtout l'arrière-gorge s'adressent particuliè-

La structure histo-pathologique de cette lésion lui a fait donner le nom de fibro-tuberculome du larynx.

HISTORIQUE

Le passé ne nous offre point de descriptions caractéristiques de ces grosses lésions tuberculeuses, à allure néoplasique, bourgeonnantes et envahissantes, infiltrant lentement les tissus périlaryngés. Ce que l'on trouve, ce sont des communications fréquentes sur des cas de petites tumeurs bacillaires, plus papillomateuses que néoplasiques, ou affectant la forme de polypes et siégeant soit sur les cordes vocales, soit sur les aryténoïdes.

D'après Cartaz c'est au laryngologiste espagnol Ariza qu'il faut rapporter le mérite d'avoir signalé le premier ces petites tumeurs bacillaires du larynx qu'il appelle « tuberculose polypeuse et végétante. »

Dans le premier cas qu'il publiait, il s'agissait d'une tumeur laryngée implantée sur l'épiglotte, rougeâtre et ressemblant à un sarcome. Extirpée en plusieurs fois, elle fut à l'examen reconnue de nature tuberculeuse. En 1885, il signale un cas tout à fait analogue dans un journal de Madrid.

Manldt et Tobolt pourtant, avaient eu déjà l'attention attirée sur ces formes rares d'infection bacillaire, affirmant que toutes les tuberculoses laryngées primitives observées dès leur apparition, avaient présenté sur la paroi postérieure du larynx « des végétations primordiales, de grandeur différente, semblables aux végétations syphilitiques en crête de coq ».

En 1882, John Roland Mackensie, dans les archives médicales de New-York, signale deux cas de petites tumeurs tuberculeuses.

Un peu plus tard Isambert publie dans les Annales des maladies de l'oreille et du larynx deux observations intéressantes. Dans la première il s'agit d'un homme âgé qui présente sur la bande ventriculaire gauche une tumeur peu volumineuse, saillante, irrégulière, donnant au premier coup d'œil l'idée d'un cancer. Toutefois l'examen de la poitrine modifie le diagnostic, car des signes de tuberculose manifeste se relevaient dans les deux poumons.

Bientôt la lésion laryngée elle-même ne laissa plus de doutes, car, au bout de peu de temps, elle se vida spontanément, laissant un grand nombre de petites ulcérations tuberculeuses. Les parties profondes du larynx se sont prises de plus en plus et les sommets pulmonaires de même. Le malade mourut peu de temps après.

En 1884 Lermoyez publia dans les annales des maladies de l'oreille et du larynx une observation de tumeur, assez grosse, en chou-fleur, siégeant chez un tuberculeux, à l'insertion antérieure des cordes vocales, et ayant provoqué des accès de suffocation assez violents pour nécessiter la trachéotomie. L'auteur conclue à une production tuberculeuse.

Il faut arriver à Cartaz pour trouver une étude plus approfondie de ces lésions bacillaires, qui parût dans les Archives de laryngologie de 1889. D'après lui, le larynx offre des exemples fréquents de cette forme de tuberculose : la tumeur, implantée sur un point de la muqueuse, sans lésion marquée de voisinage.

Suivent plusieurs observations que nous allons rapidement rappeler. Il s'agit tout d'abord d'une femme de 33 ans qui se plaint surtout d'enrouement. La muqueuse du voile est décolorée. Au tiers postérieur de la corde vocale droite, existe une tumeur grosse comme une petite noisette, implantée sur le bord libre, arrondie, et de coloration rouge grisâtre. Pas de lésions pulmonaires.

Après ablation, on pratique l'examen histologique, et l'on trouve des cellules géantes. Donc tumeur bacillaire, confirmée par la marche de la maladie. La malade mourut de bacillose pulmonaire un an plus tard.

Dans une seconde observation, il s'agit d'un homme de 35 ans qui, à l'issue d'une bronchite, se plaint d'un enrouement persistant. La voix est couverte. Signes d'induration pulmonaire au sommet droit. A l'examen laryngoscopique, tumeur du volume d'un gros pois, gris rosé, siégeant sur la corde vocale inférieure gauche. Pas de tuméfaction environnante. La lésion pulmonaire évolue et le malade est emporté par une hémoptysie foudroyante peu de temps après.

Cartaz insiste sur les points de prédilection de ces sortes de tumeurs. L'espace interaryténoïdien, les cordes vocales, l'épiglotte seraient les plus fréquemment touchés.

Au point de vue de leur constitution histologique, ce sont de véritables productions tuberculeuses avec cellules géantes et bacilles. Leur volume est en général restreint.

En 1891, Avellis publie une série d'observations sur des tumeurs bacillaires du larynx, affectant la forme de papillomes, de fibromes de la corde vocale, ou de polypes solitaires, manifestation particulière de phtisie laryngée, primitive, sans lésions pulmonaires.

L'Ecole Anglaise signale à son tour ces néoplasies bacillaires. C'est d'abord Clifford Beale qui, en 1894, apporte à la Société d'oto-rhino-laryngologie de **Londres**, un cas de tumeur tuberculeuse, vérifiée au microscope, siégeant dans la région aryténoïdienne et présentant la forme d'un nodule lisse et non ulcéré, sans lésion de voisinage.

En 1899, Charters Symonds, à la même société laryngologique publie l'observation d'un malade qui présentait sur la bande ventriculaire et la corde gauche une infiltration bien limitée, dure et rouge. L'examen biopsique permet de découvrir des cellules géantes et des bacilles et l'on fit le diagnostic de granulome tuberculeux. En 1900, nouveau cas analogue signalé par Dundas Grant : La tumeur, du volume d'une petite noisette, pâle, grisâtre, à surface granuleuse, siégeait en avant, entre les cordes vocales. En 1901, Trautmann fait un travail complet sur la tuberculose du larynx et mentionne ces formes papillomateuses, d'après lui toujours primitives.

A la même époque, la même question des tumeurs tuberculeuses est à l'ordre du jour à la Société Danoise d'Otologie. Grönberg, Schwiegelow, Sophus Bentzen, publient chacun un cas de lésion bacillaire papillomateuse, à laquelle ils donnent le nom de « Tuberculome du Larynx ».

En 1899, au Congrès International d'Otologie et de Laryngologie de Paris, Gougenheim fait une publication sur le papillome et la tuberculose du larynx et tire les conclusions suivantes : « La laryngite tuberculeuse peut affecter la forme de tumeurs circonscrites, non ulcérées, primitives ou secondaires à constitution histopathologique variable. Les unes ont une structure indubitablement tuberculeuse, les autres sont des papillomes typiques. Ces derniers, inoculés au cobaye, peuvent créer la tuberculose, soit par l'intermédiaire des bacilles de Koch, qu'ils peuvent contenir, mais sans avoir été trouvés jusqu'ici, soit par l'intermédiaire du mucus qui se trouve à leur surface. Le papillome de la laryngite tuberculeuse affecte deux aspects : il peut être multiple, assez volumineux, confluent : il peut être aussi de tout petit volume et sans confluence. Un caractère commun aux deux formes, est la récidive. La laryngite tuberculeuse primitive peut durer très longtemps, et l'échéance pulmonaire être très tardive. Quand au traitement de ces tumeurs et papillomes, il est très long à cause des récidives, mais la guérison n'est pas impossible.

Dans son *Traité du Larynx* (1904) le Professeur Moure décrit « ces formes polypeuses de tuberculose laryngée, lésions verruqueuses, gris rosé, faisant saillie en forme de coin au niveau de la partie postérieure. Ces lésions seraient particulièrement fréquentes chez les syphilitiques et surtout chez les malades atteints de coryza atrophique ».

En 1913, Jacques fait une communication à la Société française d'oto-rhino-laryngologie sur la « Tumeur tuberculeuse du Larynx ». D'après lui la tuberculose peut donner naissance dans le larynx à des hyperplasies isolées, à type papillomateux, indépendantes de toute lésion destructive apparente. Cette affection, très rare, se présenterait avec les caractères suivants : masse assez nettement circonscrite, à surface plus ou moins irrégulière, recouverte toujours de muqueuse saine, gris rosé. L'évolution en est extrêmement lente, insidieuse, et ne s'accompagne pas de réaction. Les sujets paraissent exempts de tuberculose. Dysphagie puis dyspnée s'installent peu à peu et si le porteur d'une semblable lésion est tant soit peu âgé « la première idée qui surgira dans l'esprit du médecin sera qu'il a affaire à une dégénérescence maligne au début ». Jacques distingue nettement de ces productions tuberculeuses, les petites hyperphasies mûriformes qui, le plus souvent, recouvrent des ulcérations tuberculeuses banales. Il est intéressant de rappeler ici les grandes lignes d'une observation qu'il publie à la même séance : c'est un homme de 63 ans, enroué depuis trois ans. Pendant un séjour au Mont-Dore, la raucité s'accentue, puis le malade devient aphone. A l'examen laryngoscopique, on découvre un polype assez volumineux, rouge violacé, recouvert de muqueuse normale, comblant à l'inspiration une grande partie de la glotte et s'implantant sur les deux tiers antérieurs de la corde vocale gauche. On crut d'abord avoir affaire à un polype bénin, mais par précaution on pratiqua une biopsie, qui diagnostiqua un épithélioma. L'extirpation par voie externe fut décidée, et le néoplasme extrait après thyrotomie. Le malade paraissait alors guéri, la voix étant revenue peu à peu. Des coupes pratiquées à ce moment sur l'ensemble de la tumeur, il résultat qu'il s'agissait non pas d'une tumeur épithéliale, mais d'un polype tuberculeux, à cellules géantes, riches en bacilles. Trois semaines après l'intervention, le malade devient de nouveau aphone. Nouvelle tumeur, régulièrement ovoïde, grosse comme un noyau de cerise, siégeant au-dessous de la commissure vocale. L'excision fut pratiquée et le malade guérit.

Au cours de la même séance Escat rappelle qu'après avoir diagnostiqué une tumeur maligne de la corde vocale, il fit pratiquer une laryngectomie totale.

Six semaines après son malade succombait à une tuberculose pulmonaire subaiguë. A l'examen histologique de la tumeur, cellules géantes caractéristiques.

Dans son traité sur la *tuberculose du nez et du larynx,* Collet décrit, à propos des formes cliniques, la forme tumeur, plus précisément papillomateuse, solitaire, quelquefois multiple, variant du volume d'un pois à celui d'une noisette, arrondie, ou en chou-fleur, recouverte toujours de muqueuse intacte, plutôt pâle, se détachant nettement sur les parties voisines. A la coupe, tissu fibreux peu abondant et tubercules à cellules géantes et à bacilles. La paroi postérieure du larynx serait le point de prédilection de ces néoplasies qui croissent lentement, ne s'ulcèrent pas et se manifestent surtout par de la dysphonie, rarement de la dyspnée, en raison de leur volume toujours restreint. Les douleurs sont absentes.

Il ressort de toutes ces observations, qu'on a fréquemment constaté au niveau de l'organe vocal, l'existence de productions bacillaires, pseudo-néoplasiques, mais toujours de volume limité et ressemblant beaucoup plus à des papillomes ou à des polypes qu'à des néoplasmes véritables.

La lésion que nous proposons d'étudier dans ce travail est par contre susceptible d'atteindre des dimensions considérables, prolifère, bourgeonne et ressemble à s'y méprendre à une tumeur maligne dont elle offre la plupart des caractères cliniques (Moure). Elle évolue presque de la même manière, ayant des tendances à s'extérioriser à travers la charpente laryngée : c'est donc une manifestation morbide qui n'a rien de commun avec les tumeurs bacillaires décrites par les auteurs que nous avons cités dans l'historique qui précède.

C'est à G. Portmann que revient l'honneur d'avoir décrit pour la première fois cette affectation laryngée dans un article paru dans *la Presse médicale* du 7 février 1920.

SYMPTOMATOLOGIE

Elle varie suivant le stade de l'affection, aussi la décrirons nous au début, et à la période d'état.

Début. — Il est très lent et insidieux, et pendant longtemps, plusieurs mois généralement, ne se manifeste que par des troubles fonctionnels légers, dont la dysphonie est le premier en date. C'est d'abord de l'enrouement, primitivement passager, puis continu, plus marqué au réveil, exacerbé par le surmontage vocal. Un de ses caractères, c'est le peu de gêne qu'il apporte au malade ; celui-ci ne s'en préoccupe pas. A ce premier trouble fonctionnel, peut s'ajouter quelquefois un picotement laryngé qui provoque une toux sèche, assez souvent quinteuse. A cette période on ne trouve pas de troubles de la respiration et de la déglutition.

A l'examen laryngoscopique, on constate certaines modifications de la muqueuse endolaryngée. C'est d'abord une tuméfaction très limitée, siégeant la plupart du temps sur la paroi supérieure du larynx, assez souvent aussi sur les bandes ventriculaires, très rarement sur les cordes vocales elles-mêmes. Elle est rosée, puis grisâtre, lisse ou en chou-fleur, jamais ulcérée. La motilité laryngée est touchée légèrement dès cette période, et l'on constate une paresse des cordes vocales.

En résumé, la période de début se caractérise surtout par une laryngite catarrhale banale entraînant peu de troubles fonctionnels, peu gênante pour le malade. Elle dure quelquefois très longtemps et ne s'accompagne pas des troubles généraux, cortège de l'infection tuberculeuse ordinaire.

Période d'état. — Troubles fonctionnels. — La tumeur grandit peu à peu et les troubles fonctionnels s'accentuent. Ils sont d'autant plus accusés que la lésion demeure endolaryngée. Ainsi de l'enrouement intermittent du début, le malade passe progressivement et surtout lentement à l'aphonie absolue, arrivant alors à la période ultime de son affection.

Phonation. — Les troubles de la phonation varient d'intensité avec le siège de la tumeur. Très accentués dans le cas où celle-ci est endolaryngée, ils sont presque nuls lorsqu'elle s'extériorise, sans intéresser de façon directe les cordes vocales.

Avant d'atteindre au stade ultime et éloigné qu'est l'aphonée complète, le malade présente des modifications successives de la voix. Après l'enrouement du début, qui peut se prolonger plusieurs mots, la voix devient rauque et le malade se fatigue beaucoup à parler. Elle devient inégale et rude et prend alors le timbre spécial de la voix « boisée », ligneuse des cancéreux, timbre qui contribue à égarer le diagnostic. Ensuite, très lentement la tumeur envahit la glotte et le malade devient aphone. Cette aphonie peut être totale si la tumeur, saillante dans la cavité du larynx maintient les cordes vocales écartées.

Respiration. — Presque toujours absents au début, ou ne se manifestant que par une légère dyspnée, à l'occasion des efforts, les troubles de la respiration s'installent peu à peu, à la période d'état lorsque la tumeur a acquis un volume suffisant pour diminuer le calibre de la glotte et gêner ainsi la circulation de l'air. Ils sont plus ou moins prononcés suivant le siège de la tumeur. Une lésion de la corde vocale elle-même sera plus rapidement un obstacle au passage de l'air qu'une tumeur des aryténoïdes. Quoi qu'il en soit, après la dyspnée d'effort du début, la respiration subit des modifications sérieuses. On constate tout d'abord de la rudesse respiratoire, signalée par Fauvel chez les cancéreux et à laquelle il a donné le nom de «rudesse ligneuse». Puis succède la dyspnée, qui survient d'abord par accès, à l'occasion d'un effort, ou de la position couchée, réveillant le malade au milieu de son sommeil ; elle s'installe progressivement de façon continue et l'on assiste alors à des crises de suffocation intense, extrèmement pénibles, accompagnées de cornage, de tirages sus et sous-sternal. La face est cyanosée, les jugulaires tout turgescentes, le facies est anxieux et le malade fait des efforts considérables pour faire pénétrer l'air dans ses poumons. Ces crises dramatiques ne cèdent bien souvent qu'à une trachéotomie immédiate.

Déglutition. — Les troubles de la déglutition sont en général absents au début et n'existent qu'à la fin de la période d'état, lorsque la lésion a pris des proportions considérables. Ils sont presque toujours symptomatiques d'une extension de la lésion à la région postérieure. Cette dysphagie est plus marquée pour les liquides que pour les solides et elle aggrave baucoup le pronostic en entravant l'alimentation. Elle ne s'accompagne que très rarement d'odynphagie.

Toux. — La toux sèche du début, réflexe à point de départ dans la muqueuse du larynx, fait place au bout d'un certain temps à une toux rauque, pénible, presque toujours suivie d'expectorations, plus ou moins abondantes, suivant l'état des poumons. Cette toux ne paraît pas liée à la lésion pharyngée, mais serait plutôt un épiphénomène, symptomatique de lésions bacillaires au niveau des bronches et des poumons. Elle est quinteuse, quelque fois émétisante, toujours fort pénible pour le malade.

Expectoration. — Absente au début, elle ne manque presque jamais à la fin de la période d'état et trahit non pas la lésion laryn-

6

gée, mais l'infection pulmonaire concomitante. Elle est alors abondante, muco-purulente, quelquefois nummulaire au stade des cavernes. Son odeur est fade et l'examen bactériologique révèle presque toujours des bacilles de Koch.

On peut assister aussi à des hémoptysies foudroyantes qui peuvent emporter le malade en quelques heures.

Expectoration et hémoptysie sont toutes deux d'un intérêt secondaire, puisqu'elles sont l'expression d'un processus tuberculeux très avancé, qui ne laisse aucun doute sur la nature de la lésion laryngée.

Haleine. — L'haleine, au cours du fibro-tuberculome, ne présente rien de particulier. Elle n'a jamais cette odeur repoussante qui caractérise le cancer. Cela contribue dans une certaine mesure à éclairer le diagnostic.

Douleurs. — Ce qui caractérise le fibro-tuberculome et peut le laisser inaperçu pendant un certain temps, c'est son absence complète de douleurs au début et aussi à la période d'état. A la fin de l'affection, le malade se plaint beaucoup plus d'une gène que d'une douleur.

Il a, dans sa gorge, la sensation de corps étrangers.

Dans certains cas, pourtant lorsque la tuberculose a envahi sur une grande étendue les tissus périlaryngés, enfermant ainsi dans sa gangue des filets nerveux, le malade peut éprouver des douleurs assez violentes, irradiées à l'oreille, le long du sterno-mastoïdien.

Etat général. — Il n'est touché que fort lentement, et n'est véritablement atteint que si des lésions pulmonaires assez avancées co-existent. Le fibro-tuberculome par lui-même, altère peu l'organisme. Dans l'échelle de gravité de la tuberculose, il doit être considéré comme une bacillose atténuée. Mais cela n'est pas la règle, et l'on peut observer des signes d'imprégnation tuberculeuse pulmonaire. Dans ce cas l'amaigrissement progresse, le teint est pâle, quelquefois cireux, la fatigue très prononcée. Le pouls s'accélère de façon permanente et on note enfin des poussées de température vespérale qui atteint 38, 38° 5, rarement au-dessus. Lorsque les lésions sont très avancées, l'état général est très touché et l'on assiste alors à la cachexie rapide des bacillaires chroniques, profondément infectés.

Symptômes objectifs. — *Inspection.* — C'est à la fin seulement de la période d'état que l'on constate extérieurement une tuméfaction, plus ou moins volumineuse, au niveau du larynx. La tumeur s'est alors extériorisée. Elle a infiltré d'abord le cartilage thyroïde, l'a épaissi et déformé. C'est le stade de périchondrite.

Puis la tumeur progressant, elle envahit peu à peu les tissus périlaryngés, enfermant l'organe vocal dans une gangue dure, volumineuse, siégeant à la partie médiane du cou. Celui-ci se déforme et prend l'aspect du « cou proconsulaire » comme dans le cancer du larynx. L'espace intercricothyroïdien est complètement effacé. Si la lésion continue à progresser, elle atteint le plan cutané et prend alors des proportions considérables.

Palpation. — Au début de la période d'état la palpation permet d'apprécier quelquefois une légère augmentation de volume de l'organe vocal. La disparition de la crépitation laryngée est également assez précoce. A la fin de la période d'état on constate une tumeur dure, adhérente à la peau et aux plans profonds, immobilisant quelquefois le larynx. Cette masse est tellement résistante qu'elle donne souvent la sensation de « carapace » décrite par Isambert à propos du cancer. Sur les parties latérales on constate un véritable « bouclier ». La pression n'est pas douloureuse. L'adénopathie en général est absente. Quelquefois, très probablement par infection secondaire surajoutée, Il peut y avoir une légère réaction ganglionnaire en avant du sternochidomastoïdien.

Examen laryngoscopique. — A l'ouverture de la bouche, on constate rarement la pâleur marquée du voile du palais et du pharynx, caractéristique de la phtisie laryngée classique. Cette pâleur due à une déglobulisation, à une anémie marquée, se constate surtout dans les formes infectantes et rapides de la tuberculose. Ce n'est pas le cas du fibro-tuberculome, manifestation qui ne touche l'état général que très tardivement, au stade de lésions pulmonaires avancées.

Si l'on examine le larynx, on constate que la tuméfaction rosée, lisse ou granuleuse du début, a augmenté considérablement de volume. Deux cas peuvent se présenter, ou bien la tumeur est demeurée endolaryngée et a obstrué progressivement la glotte, ou bien elle s'est extériorisée, envahissant les parois mêmes du larynx et les tissus environnants. La tumeur a alors perdu sa délimitation très nette du début, car les tissus de voisinage sont à leur tour légèrement infiltrés. Ce qui la caractérise surtout, c'est la conservation de son aspect non ulcéreux. Elle est lisse ou verruqueuse, prenant dans certains cas la forme d'un chou-fleur, masquant en partie la glotte. La motilité laryngée est, en général, rapidement affectée. L'immobilisation d'un ou des deux aryténoïdes est un symptôme commun de plus avec les infiltrations néoplasiques.

Evolution. — Terminaison. — Un des principaux caractères du fibro-tuberculome est son extrême lenteur. Sa période de début peut durer plusieurs mois, et sa période d'état se compte par années. Il est, d'ailleurs, assez difficile de localiser exactement dans le temps la première atteinte laryngée car elle est insidieuse, peu gênante, et passe souvent inaperçue du malade. C'est d'abord un léger enrouement, sans cause appréciable, et intermittent.

Après une série de poussées catarrhales la tumeur grossit lentement et entraîne peu à peu tous les troubles fonctionnels et objectifs, étudiés ci-dessus.

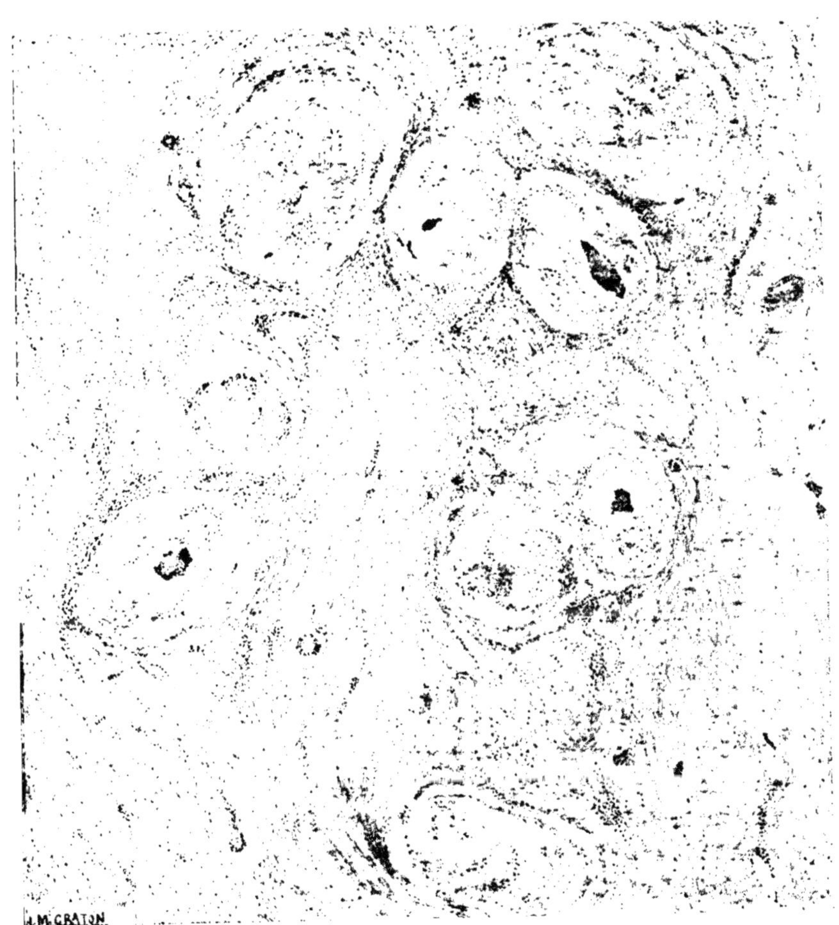

Gross^t : 80

Cette période d'état dure de quelque mois à plusieurs années, et elle aboutit presque toujours à la terminaison fatale, qui arrive de plusieurs façons. Dans certains cas, assez rares, le malade meurt par véritable asphyxie. La tumeur endolaryngée a acquis un tel volume, que la glotte est complètement obstruée et provoque ainsi une crise de suffocation mortelle, si l'on n'intervient pas. L'asphyxie peut être due également à une compression des nerfs récurrents par la tumeur.

Dans d'autres cas, encore plus rares, la lésion, développée sur la face postérieure de l'organe vocal entraîne de la dysphagie et de tels troubles de la déglutition que le malade ne s'alimente presque plus, et meurt de véritable inanition.

Enfin, et c'est le mode de terminaison de beaucoup le plus fréquent, la mort est due aux complications bacillaires des bronches et des poumons, concomitantes de la période ultime de l'affection laryngée. Quelquefois c'est une hémoptysie foudroyante qui tue le malade, mais, en général, c'est la cachexie tuberculeuse ordinaire qui amène l'échéance fatale.

Anatomie pathologique. — 1° *Aspect macroscopique.* — Le fragment de prise se présente sous la forme d'une masse bourgeonnante, plus ou moins rougeâtre ; à la coupe, aspect uniforme, rosé ; aucun liquide ne sourd spontanément ou à la pression. Le tissu est dense et de consistance uniformément dure.

Aspect microscopique. — *Topographie générale.* — Au faible grossissement la coupe présente un aspect fibroïde généralisé sous forme de faisceaux tortueux, enchevêtrés les uns dans les autres, et séparés en certains points par des formations arrondies, à caractère folliculaire. Ces formations sont, les unes complètement isolées, les autres réunies par petits groupes de deux ou trois, ou plus, mais en nombre restreint par rapport au développement du tissu environnant.

Les vaisseaux sont peu nombreux dans toute la surface de la coupe, dont l'aspect général est assez homogène.

Fort grossissement. — 1° *Tissu interfolliculaire.* — Il est formé de fibrilles, qui présentent les caractères des fibres conjonctives, sont colorées en rose par l'éosine, par le picroponceau. Ces fibres à contour pâle sont peu réfringentes, assez épaisses, très longues, plus ou moins parallèles entre elles et ne présentent pas d'anastomoses. Elles sont accompagnées de cellules fixées au tissu conjonctif, cellules à expansions ramifiées et à noyau très volumineux.

On constate également une infiltration leucocytaire assez abondante.

2° *Follicules.* — Ils se présentent sous la forme de corps arrondis, ayant au centre une volumineuse cellule géante, dont les noyaux sont localisés à la périphérie, et en général massés sur l'un des côtés de la cellule. Tout autour on constate une zone de cellules épithélioïdes, assez régulières. Toutes les unes sur les autres, en plusieurs rangées. Plus en dehors existe une zone concentrique de fibrilles conjonctives qui se confondent peu à peu avec le tissu interfolliculaire. Ces follicules ont donc l'aspect de follicules tuberculeux quoiqu'aucun de ces caractères ne soit pathognomonique de la lésion bacillaire. Ils peuvent, en effet, se retrouver dans la syphilis. D'autres follicules, moins nombreux, se présentent sous l'aspect d'une masse assez irrégulière de cellules épithéloïdes, sans cellules géantes, mais avec une zone fibreuse périphérique toujours très nette. Dans aucun cas on ne constate de point nécrotique ou de zone de dégénérescence .

Vaisseaux. — Peu nombreux, ils sont disséminés dans l'épaisseur du tissu interfolliculaire. Leurs parois sont normales.

Conclusions. — L'examen anatomo-pathologique nous permet donc de constater la présence d'une tumeur bacillaire (La nature tuberculeuse ayant été confirmée par d'autres épreuves de laboratoire), tumeur dont le grand caractère est le développement considérable du tissu fibreux, et de loin en loin seulement l'existence de quelque follicules. Ces deux éléments se trouvent dans un rapport très inégal et c'est cette abondance de tissu fibreux que le docteur G. Portmann a voulu mettre en évidence en donnant à cette lésion bacillaire pseudo-néoplasique le nom de fibro-tuberculome.

Cette prolifération fibreuse nous donne en outre l'explication de l'évolution si lente de ces tumeurs, et leur faible retentissement sur l'état général, lorsqu'elles ne sont accompagnées d'aucune autre localisation bacillaire.

DIAGNOSTIC CLINIQUE

Le diagnostic du fibro-tuberculome est toujours très difficile, et, la plupart du temps, le laboratoire seul peut le faire. Il a été certainement méconnu, parce que confondu avec une tumeur maligne ou avec une lésion tertiaire syphilitique. Pourtant un examen très minutieux peut permettre quelquefois de poser le diagnostic ; nous allons essayer d'indiquer dans ce chapitre les caractères propres à chacune de ces lésions.

Période de début. — A ce stade le fibro-tuberculome lorsqu'il se présente sous la forme papillomateuse, ou bien d'une masse lisse, parfaitement isolée, doit être distingué des différentes tumeurs bénignes qui peuvent envahir l'organe vocal.

Les papillomes, auxquels on songe tout d'abord, ont en général un aspect blanchâtre assez caractéristique, tranchant nettement sur les zones voisines de coloration rose.

Les kystes du larynx sont rares, se développent soit sur les cordes vocales, soit sur les bords de l'épiglotte et sont d'un très petit volume. Leur transparence en fait un signe pathognomique.

Les fibromes occupent presque toujours le bord libre des cordes vocales et sont en général très limités.

Les lipomes se développent surtout sur l'épiglotte, sont jaunâtres mous, quelquefois rénitents.

Les angiomes sont très rares; ils ont une coloration bleuâtre, lie de vin.

Les enchondromes sont d'un diagnostic plus délicat, car comme le fibro-tuberculome, ils se développent en soulevant la muqueuse sans en modifier l'aspect. Pourtant leur dureté ligneuse leur est tout à fait particulière.

En dépit de ces différents caractères propres à chacune de ces tumeurs bénignes, le diagnostic demeure parfois très difficile, et l'on est alors obligé de recourir à l'examen anatomo-pathologique. L'on doit toutefois se rappeler que le fibro-tuberculome paraît avoir son siège de prédilection au niveau de la commissure postérieure ou des aryténoïdes, tandis que les tumeurs bénignes sont généralement développées au dépens des cordes vocales.

Lorsque le fibro-tuberculome se présente sous un aspect étalé, sessile, à base large, en chou-fleur, ce qui se rencontre assez fréquemment, il est susceptible d'être confondu avec une tumeur maligne, au début de son évolution, et en particulier avec un épithélioma. Le fibro-tuberculome tranche nettement sur la muqueuse avoisinante, saine. L'épithélioma au contraire fait corps avec le tissu ambiant dans lequel il est comme enclavé, et la muqueuse autour de lui est presque toujours infiltrée, congestionnée. Ce caractère n'est malheureusement pas absolu, car la tuberculome s'accompagne quelquefois d'une légère réaction inflammatoire des tissus adjacents; on conçoit alors la difficulté du diagnostic. On ne le confondra pas non plus avec le carcinome du larynx, très rare en France, décrit surtout par des auteurs allemands, et qui se présente sous la forme d'une infiltration diffuse, occupant tout un côté de l'organe vocal. L'évolution est beaucoup plus rapide et les ganglions carotidiens sont très précocement envahis. Le sarcome ne doit pas nous arrêter, car il est extrêmement rare et généralement développé sur l'épiglotte.

Enfin, si le diagnostic de tuberculose laryngée a pu être posé en raison de lésions pulmonaires concomitantes ou d'antécédents personnels, il s'agit de savoir à quelle forme d'infection bacillaire l'on a affaire. Il faut, en effet, distinguer le fibro-tuberculome de cette forme spéciale de tuberculose, qu'est la « phtisie laryngée pseudo-polypeuse. » Ces polypes tuberculeux siègent de préférence sur les cordes vocales, ont généralement une teinte jaunâtre, deux caractères qui peuvent à la rigueur aiguiller le diagnostic. Malheureusement ils sont inconstants, ou peuvent se retrouver dans la lésion qui nous occupe. Il faut alors faire appel au laboratoire.

Période d'état. — La tumeur tuberculeuse a envahi peu à peu une grande partie de l'organe vocal. Rappelons rapidement son aspect : Grosse tumeur, quelquefois en chou-fleur, bourgeonnante, gris rosée, obstruant en partie l'orifice glottique, ayant légèrement infiltré la muqueuse environnante et immobilisé les aryténoïdes. N'est-ce point là la morphologie d'une véritable tumeur maligne, à ce stade où elle ne présente pas encore d'ulcération ? Si celles-ci existent nous pouvons penser qu'il ne s'agit pas d'un fibro-tuberculome. Nous savons en effet que sa muqueuse garde son intégrité presque toujours jusqu'à la fin.

Certains caractères peuvent mettre pourtant sur la voie du diagnostic. Nous ne voulons pas parler de l'aspect de la tumeur, encore moins de son évolution, qui sont tous deux à peu près identiques dans les deux affections. Les troubles fonctionnels, par contre, peuvent nous éclairer.

Tout d'abord la douleur. Dans le cancer, elle est précoce et manque rarement. Ce sont des douleurs lancinantes, continues, avec exacerbations passagères, localisées dans une moitié du larynx, avec irradiations classiques dans l'oreille, sur le bord antérieur du sterno, chido, mastoïdien. Elles sont aggravées par la déglutition. L'odynphagie est précoce, surtout si la tumeur siégeant sur la face postérieure du larynx ou sur l'épiglotte, est irritée par le passage des aliments.

Dans le fibro-tuberculome, pas, ou très peu de douleurs, tout au moins à la période d'état. Le malade ressent plutôt une gêne, une sensation désagréable de corps étranger dans la gorge, mais pas une véritable douleur, pas de névralgies persistantes, rebelles aux analgésiques, intolérables, comme dans l'épithélioma.

Chez le cancéreux, l'haleine a toujours une fétidité caractéristique, quelquefois repoussante, et s'accompagne de salivation abondante, par gêne de la déglutition. Dans le fibro-tuberculome pas d'odeur, ou quelquefois haleine fade du tuberculeux, pas ou peu de salivation, même si la lésion intéresse les premières voies digestives.

Il est un autre signe, celui-là physique, qui peut aider au diagnostic ; c'est l'adénopathie. Il ne faut pourtant pas oublier que dans certains cas de cancer relativement assez fréquents, la réaction ganglionnaire n'apparaît que très tardivement. Néanmoins, il est classique de trouver chez un néoplasique, une chaîne ganglionnaire indurée, fixe, volumineuse, douloureuse à la pression, uni ou bilatérale. Ce sont les ganglions carotidiens qui sont pris les premiers. Dans le fibro-tuberculome, pas d'adénopathie. Quelquefois, pourtant, mais tout à fait à la fin, on peut constater une légère inflammation ganglionnaire de nature bacillaire, ou par infection banale surajoutée, mais les caractères de cette adénopathie n'ont rien de semblable aux précédents.

Enfin les antécédents héréditaires, collatéraux ou personnels du malade peuvent mettre sur la voie d'une tuberculose, cependant il ne faut pas oublier que le fibro-tuberculome peut n'être qu'une manifestation primitive de la bacillose.

Il y a une autre affection, susceptible d'être confondue avec le fibro-tuberculome à sa période d'état, c'est la tumeur syphilitique, la gomme, lorsqu'elle n'a pas encore effondré la muqueuse sus-jacente. Elle se présente alors comme une tuméfaction, rarement arrondie, plus souvent diffuse, et recouverte d'une muqueuse lisse et rouge sombre, sans sécrétion à la surface. Pas de douleurs, haleine non fétide, pas de salivation abondante, pas d'expectoration sanguinolente, pas de réaction ganglionnaire. Ce sont aussi les caractères du fibro-tuberculome, lorsqu'il se présente sous la forme lisse. Le seul moyen de faire le diagnostic est alors de se baser sur les anamnestiques, accidents initiaux et secondaires, et surtout sur la marche de la tumeur. Nous savons, en effet, que la gomme a une évolution rapide. Deux, trois mois au maximum suffisent pour amener l'effondrement de la muqueuse recouvrant la lésion. On assiste alors à la période de fonte, d'ulcération, du cratère taillé à pic, à fond bourbillonneux, à bords saillants, sur la nature duquel il est difficile de se tromper.

IIIe Période. — Le diagnostic entre le fibro-tuberculome et tumeur maligne offre encore plus de difficulté à cette dernière période qu'au stade précédent. La tumeur tuberculeuse, en effet, a infiltré progressivement le cartilage, les tissus périlaryngiens, donnant au cou l'aspect proconsulaire, et au doigt la sensation de carapace, de véritable « bouclier » tout autant de symptômes qui se retrouvent constamment à la dernière période du cancer. Si, à l'examen laryngoscopique on constate à la surface de la tumeur des ulcérations sanieuses et bourgeonnantes on peut à la rigueur penser au cancer. Mais cela n'est pas un signe absolu, car dans des cas, évidemment assez rares, on peut trouver une muqueuse érodée, à la phase ultime du fibro-tuberculome.

Les troubles fonctionnels aident surtout au diagnostic. Les douleurs sont violentes dans le cancer, l'haleine très fétide, l'expectoration sanieuse, et le malade rejette en toussant des mucosités glaireuses, sanguinolentes. Ces signes font généralement défaut dans le fibro-tuberculome. Enfin, et surtout, il faut examiner le reste de l'organisme. Il est en effet assez fréquent de rencontrer à la dernière période du tuberculome, des lésions bacillaires des poumons, des méninges ou de l'intestin. Mais cela ne suffit pas pour affirmer le diagnostic, car les deux diathèses peuvent coexister chez un même individu, l'une n'empêchant pas l'évolution de l'autre.

Une autre affection que le cancer, peut égarer le diagnostic, c'est la périchondrite tuberculeuse à forme lente du cartilage thyroïde. Elle apparaît généralement chez des sujets à tuberculose torpide, peu infectante. Le bacille attaque d'emblée le cartilage, l'infiltre, mais se limite toujours à l'une des deux lames. A l'inspection on constate une tuméfaction, quelquefois volumineuse sur l'un des côtés du larynx. A la palpation, la tumeur fait corps avec le cartilage et suit les mouvements du larynx pendant la déglutition. Elle est mobile sous la peau et rénitente au début. Cette courte description permet de voir que le diagnostic est assez facile. Tandis que la périchondrite tuberculeuse n'intéresse qu'une lame thyroïdienne, le fibro-tuberculome, au contraire, infiltre à la dernière période la totalité du cartilage le transformant en véritable bouclier. Si l'on peut suivre le malade, on verra que dans la périchondrite simple, la tumeur, rénitente au début, devient peu à peu fluctuante, amincit la peau sus-jacente, l'ulcère et s'ouvre enfin à la surface. Un trajet fistuleux s'établit. L'orifice externe est caractéristique, à bords décollés et violacés. Si l'on introduit un stylet, on tombe sur un cartilage nécrosé et des séquestres s'éliminent fréquemment. Cette évolution est bien différente de celle du fibro-tuberculome qui jamais ne suppure et ne se fistulise pas à la peau.

Ce rapide aperçu clinique nous montre le peu de moyens dont nous disposons pour étayer un diagnostic. A chaque période, au début comme à la fin, nous devons nous adresser au laboratoire pour affirmer la nature de la lésion.

DIAGNOSTIC AU LABORATOIRE

On fait d'abord l'examen anatomo-pathologique. La biopsie doit se faire après une anesthésie aussi complète que possible, par badigeonnage de la muqueuse laryngée et de la tumeur, à la solution cocaïnée au 1 10 Il faut donner le coup de pince au sein même de la tumeur, car on peut facilement conclure à la non existence d'une production tuberculeuse, si la prise a porté sur l'infiltration réactionnelle du tissu voisin et non sur la lésion elle-même.

Dans les cas de fibro-tuberculome nous retrouverons au microscope tous les caractères décrits plus haut : (tissu fibreux abondant + follicules tuberculeux). On doit compléter l'examen histologique en recherchant le bacille tuberculeux dans la coupe elle-même (fuschine de Ziehl à froid pendant 20 à 30 minutes). Cette épreuve n'est pas toujours positive, car le fibro-tuberculome contient en général très peu de bacilles, aussi doit-on la répéter sur un grand nombre de coupes. Un autre examen absolument nécessaire est l'inoculation au cobaye d'un fragment de tissu excisé. On fixe celui-ci à la face interne de la cuisse après incision puis suture de la peau. En cas de tuberculose, une adénite se développe au bout de cinq semaines avec la chance d'inoculation caractéristique.

D'autres épreuves, celles-là pathognomoniques de la bacillose en général et non du fibro-tuberculome, peuvent pourtant donner des renseignements très utiles, et doivent être systématiquement pratiquées. Ce sont les réactions à la tuberculine, et surtout la recherche du bacille de Koch dans les crachats.

Il est prudent également de faire la réaction de Bordet-Wassermann.

PRONOSTIC

Il serait téméraire de parler de pronostic bénin au sujet d'une affection tuberculeuse. Le bacille est dans l'organisme et sa présence suffit pour entraîner une phtisie rapide, à forme granulique, emportant le malade en quelques semaines. On peut pourtant affirmer que le fibro-tuberculome est, parmi les formes de tuberculose une des moins dangereuses et doit prendre rang aux côtés de ces bacilloses dites atténuées, telles que la bacillose osseuse ou ganglionnaire.

Cette bénignité relative relève de la cause suivante : l'extrême lenteur évolutive de la maladie qui peut durer plusieurs années, due à la prédominance du tissu fibreux. Il y a là, en effet, un processus scléreux qui lutte contre l'infection, la circonscrit, parfois même l'étouffe, empêchant ainsi le ramollissement des follicules. Il se passe en somme au niveau du larynx ce que l'on constate en d'autres points de l'organisme, au poumon, par exemple, la transformation fibreuse étant un processus de cicatrisation.

Grâce à ce caractère le fibro-tuberculome est compatible pendant longtemps avec un état général relativement bon et l'on peut toujours espérer une survie de plusieurs années. Mais l'affection n'en demeure pas moins sévère. Nous avons vu en effet que l'échéance fatale pouvait arriver brusquement et quelquefois d'assez bonne heure, par obstruction laryngée. On n'est point toujours là pour faire une trachéotomie.

Dans d'autres cas, et ce sont les plus fréquents, le sujet fait des complications bacillaires du côté des poumons ou des méninges. La cachexie finit alors par l'emporter.

Nous ne pouvons parler de guérison complète, n'en n'ayant pu observer au cours de nos recherches, mais nous pouvons affirmer qu'un traitement général sévère, et dans les cas de sténose laryngée serrée, une trachéotomie palliative, améliorent considérablement le malade. Si l'on assiste au début de l'évolution et si la tumeur est extirpable par les voies naturelles, la guérison paraît être possible.

TRAITEMENT

Il doit être local et général.

Au point de vue local, se pose tout de suite la question d'une intervention chirurgicale. Rappelons à ce sujet l'observation d'Escat. Celui-ci, croyant avoir affaire à un cancer du larynx, fait pratiquer une laryngectomie totale. Une tuberculose pulmonaire suraiguë post-opératoire, à forme broncho-pneumonique, emporte le malade en quelques jours. Un spécialiste belge, Goris, a recueilli des observations analogues au sujet du traitement chirurgical des tuberculoses laryngées. Dans presque tous les cas opérés, il a vu se développer plus ou moins rapidement après l'intervention, une tuberculose pulmonaire à laquelle plusieurs de ses malades avaient succombé.

N'oublions pas les suites dramatiques de pareilles opérations.

Faut-il demeurer sur une abstention complète ? Nous ne le croyons pas. Nous avons vu, en effet, en faisant l'historique des lésions tuberculeuses du larynx que bon nombre de polypes bacillaires avaient été enlevés et n'avaient point récidivé. Une pareille thérapeutique peut s'appliquer au fibro-tuberculome, si l'on a la chance d'assister au début de l'affection, si la tumeur est endolaryngée et très limitée. Après anesthésie locale à la cocaïne on extirpe complètement la tumeur par les voies naturelles. Une exérèse imparfaite pourrait être suivie de récidive. Pareille intervention, se pratiquant au début, chez un individu dont l'état général est presque intact, ne constitue pas un traumatisme susceptible d'entraîner des accidents.

En résumé, si la lésion est endolaryngée, bien limitée et qu'on puisse l'enlever en totalité par les voies naturelles, il faut opérer et le plus tôt possible. Si, au contraire, la lésion a infiltré les parois mêmes du larynx, et ne peut être atteinte que par voie externe, c'est-à-dire après de grands délabrements, il faut s'abstenir.

Toute thyrotomie ou laryngectomie, pratiquée chez un tuberculeux, précipite l'évolution de l'infection, et se complique de lésions pulmonaires, en général très graves.

Le traitement palliatif, c'est-à-dire la trachéotomie, s'impose devant une sténose de plus en plus étroite du conduit aérien. Il a le double avantage de permettre la circulation de l'air et de mettre le larynx au repos, ce qui peut favoriser l'arrêt d'évolution de la tumeur.

Certains Américains ont même conseillé, dans des cas de tuberculose laryngée, de faire la trachéotomie avant la période de sténose, dans le seul but de mettre l'organe vocal au repos. C'est une pratique qui n'est pas en honneur en France.

Le traitement général est nécessaire. C'est celui de tout tuberculeux : cures d'air, d'entraînement, etc... Si l'on a affaire à la forme fibro-tuberculome pure, c'est-à-dire très torpide, sans lésions pulmonaires et en dehors des poussées congestives du printemps et de l'automne, on peut envoyer le malade dans un climat marin, ou encore aux eaux sulfureuses, les « Eaux Bonnes » par exemple, qui activent le processus fibreux. Mais il faut être très prudent.

Le malade doit suivre, en outre, un régime alimentaire spécial (ration d'entretien plus ration de guérison) et subir également un traitement médicamenteux restreint : arsenic ou phosphates.

Nous avons pu observer plusieurs cas de fibro-tuberculome pendant l'année qui vient de s'écouler, nous croyons donc intéressant, après ce court aperçu de la lésion en général, d'en signaler les plus typiques. Dans la plupart d'entre eux le diagnostic de cancer avait été porté après examen clinique. Le laboratoire seul permit d'infirmer le diagnostic en montrant la nature tuberculeuse de la lésion.

OBSERVATION I (1)
(Service du Professeur Moure)

P. L...., 55 ans, manœuvre.

Pas d'antécédents héréditaires, collatéraux ou personnels. Pas de maladies antérieures.

Histoire de la maladie. — Examiné pour la première fois, il y a huit ans, à la clinique O.R.L. de la Faculté de Bordeaux pour enrouement, on constate à cette époque une laryngite catarrhale, dont la persistance fait craindre la nature tuberculeuse.

Pendant les années suivantes, alternative d'enrouement et d'amélioration. En 1916, en hiver, bronchite après refroidissement, hémoptysies peu abondantes mais plusieurs fois répétées. A partir de cette époque l'enrouement devient continu, puis l'aphonie s'installe peu à peu. De la dyspnée apparait, d'abord passagère, puis continue et le malade se présente à l'hôpital du Tondu en septembre 1916.

A son entrée : Dyspnée, aphonie, pas de douleurs.

Examen laryngoscopique. — (Professeur Moure). — Légère tuméfaction aryténoïdienne. Rougeur des cordes vocales. A l'inspiration on aperçoit au dessous de la corde vocale droite dans la région sous-glottique une tumeur d'aspect grisâtre, globuleuse, légèrement papillacée.

On pratique la trachéotomie le 10 septembre 1916. Les suites opératoires sont normales. Le malade sort de l'hôpital le 15 novembre 1916 avec un bon état général.

En décembre 1918, il est examiné au dispensaire antituberculeux. On ne constate que de la rudesse respiratoire dans les deux poumons en arrière.

Revu au dispensaire en janvier 1919. Il présentait alors des râles humides dans la région sous-claviculaire gauche en avant, et une respiration soufflante en arrière.

Le 23 septembre 1919, le malade se représente à la consultation d'oto, rhino, laryngologie de la Faculté, pour dyspnée, et parce que sa canule fonctionne mal. L'état général est relativement bon.

Examen externe. — Cou plus volumineux à la région antérieure qu'à l'état normal. La peau ne présente pas de modifications.

Palpation. — Le cartilage thyroïde est épaissi, étalé, ses deux lames sont écartées l'une de l'autre. Leur surface est irrégulière, très indurée, tomenteuse, et forme au devant de l'organe vocal, une véritable « carapace ». L'espace intercricothyroïdien a disparu, le cartilage tricoïde étant aussi infiltré et tuméfié. Les anneaux de la trachée sont également volumineux.

Examen laryngoscopique. — Il est difficile et ne permet de voir que le vestibule du larynx. La région postérieure est très infiltrée. Les aryténoïdes sont immobilisées en position médiane, surtout à droite, du côté où a débuté la tumeur. Les bandes ventriculaires sont rouges et tuméfiées.

On porte le diagnostic de tumeur maligne et on décide de pratiquer une laryngectomie, précédée pourtant d'une thyrotomie exploratrice destinée à voir l'état de l'intérieur du larynx.

20 octobre 1919. — Intervention sous anesthésie locale.

En pratiquant l'anesthésie on constate que l'aiguille pénètre difficilement dans les tissus pré et péri-trachéaux, très infiltrés et dégénérés. Incision verticale destinée à mettre le larynx à nu. Lorsque le squelette laryngo-trachéal est découvert, on constate qu'au niveau du premier anneau et de la membrane intercricothyroïdienne, au dessus de l'orifice canulaire, existe un tissu fongueux, gris rosé, assez mou, faisant hernie à travers le conduit aérien. Toute la région environnante est infiltrée et épaissie, comme dans les cas de cancer extériorisé.

---

(1) Georges Portmann. — *Presse Médicale* du 7 février 1920.

En présence de cet état on renonce à ouvrir le larynx et à pratiquer la laryngectomie. Mais on fait un prélèvement de la tumeur, en vue d'un examen anatomo-pathologique.

Examen histologique (pratiqué par le Docteur Portmann). Tumeur constituée par le Docteur Portmann). Tumeur constituée par masse fibreuse considérable, comprenant des fibres et des cellules conjonctives, avec des points d'infiltration leucocytaire. Au milieu de la masse fibreuse on trouve des follicules tuberculeux, les uns agglomérés, d'autres séparés par de simples tractus conjonctifs. Ces amas de tubercules sont de grandeur différente. Les vaisseaux sont rares. A l'examen au fort grossissement, on constate que chaque tubercule présente au centre une ou plusieurs cellules géantes, entourées d'une couche épaisse de cellules épithélioïdes infiltrées de quelques lymphocytes. A la périphérie tissu fibreux ordonné en couches concentriques.

La recherche du bacille tuberculeux dans la tumeur faite sur une vingtaine de coupes a été négative; cela n'a rien de surprenant, car ces tumeurs sont à bacilles rares. L'inoculation au cobaye d'un fragment de tumeur eut un résultat positif : l'animal présenta au bout de cinq semaines une adénopathie caractéristique et de la cachexie. Scarifié on le trouva porteur de bacilles tuberculeux. La cuti-réaction fut faiblement positive.

Les bacilles tuberculeux furent trouvés dans les crachats.

La réaction de Bordet Wassermann était négative.

Le 10 novembre 1919, le malade sort de l'hôpital avec une canule trachéale fonctionnant bien et un état général relativement bon.

OBSERVATION II (personnelle)
(Service du Professeur Moure)

C. A., 48 ans, forgeron.

Pas d'antécédents héréditaires, collatéraux et personnels.

Histoire de la maladie. — En septembre 1918, aux armées, premiers symptômes laryngés. Evacué, il fut traité à l'hôpital Chaptal vraisemblablement pour laryngite tuberculeuse, puisqu'il fut réformé à ce moment (néanmoins le malade ne peut fournir ni de mémoire, ni de papiers d'hôpital, aucun renseignement sur le diagnostic de sa maladie). Hémoptysies en janvier 1919. Depuis son retour à L. R. il a repris ses occupations de forgeron, — mangeant bien et buvant sec, fumant beaucoup. Il constata cependant, une aggravation progressive des symptômes laryngés en même temps qu'une déperdition des forces et un amaigrissement de 6 kilos en 8 mois. Depuis septembre 1919 surtout, l'extinction de la voix est plus prononcée, les crachats sont plus abondants et accompagnés parfois de quelques filets sanguinolents. La dyspnée au moindre effort est telle qu'il est obligé de cesser son travail. Enfin, depuis octobre, le malade ressent quelques élancements spontanés dans l'oreille gauche et l'hémicrâne du même côté, qui troublent son sommeil. Pas de dysphagie.

A cette date le malade se présente à M. le docteur Martin de la Rochelle, qui a eu l'amabilité de nous fournir le début de cette observation, et qui envoie C..., à la clinique d'oto-rhino-laryngologie de Bordeaux, en vue d'une intervention chirurgicale, avec le diagnostic de cancer du larynx.

C'est danc ces conditions que nous l'examinons pour la première fois. Le malade était amaigri, et avait une véritable voix de « bois » qui faisait penser au cancer. A l'examen extérieur du larynx, disparition de la crépitation laryngée, épaississement notable de l'aile gauche du cartilage thyroïde infiltré, tuméfié, légèrement douloureux. A l'examen laryngoscopique masse néoplasique occupant toute la partie gauche du larynx, empiétant largement sur sa lumière, réduite à une simple fente : masse rouge, arrondie, ne débordant en aucun point le larynx. Rien aux aryténoïdes dont le gauche est complètement immobile. Rien à la corde droite, rien à l'épiglotte. Rien aux fosses nasales; pas d'adénopathie cervicale. L'oreille gauche ne présente rien d'anormal.

Aucun symptôme à l'auscultation des poumons si ce n'est le retentissement respiratoire, dû à l'obstacle laryngé.

Le malade est hospitalisé le 12 décembre pour subir une intervention chirurgicale. Il présentait, à ce moment, une dyspnée très marquée, pouvant faire craindre les accès de suffocation.

On fait une prise biopsique et l'examen anatomo-pathologique, pratiqué par le docteur Georges Portmann, révèle une tumeur de nature tuberculeuse, à tissu fibreux très abondant et à follicules peu nombreux mais présentant des cellules géantes caractéristiques.

L'inoculation au cobaye fut positive et les bacilles tuberculeux furent trouvés dans les crachats. Le malade devenant de plus en plus dyspnéique, on pratique une tranché-otomie.

Amélioration générale; l'appétit reparaît; mais à l'auscultation on constate une obscurité au sommet gauche et une respiration soufflante. La tumeur laryngée ne paraît pas progresser.

Le malade sort de l'hôpital et rentre chez lui.

Les lésions pulmonaires s'accentuent et la mort survient le 8 avril 1920 à l'hôpital Saint-Louis de la Rochelle.

OBSERVATION III (personnelle)

Service du Professeur Moure (résumée)

E. J..., 58 ans, charbonnier.

Le malade se présente à la consultation d'oto-rhino-laryngologie de la Faculté de Bordeaux parce qu'il est enroué depuis plusieurs mois. Pas de douleurs, simplement un peu de gêne au niveau de son arrière-gorge.

Examen externe. — L'inspection ne révèle pas de déformation de la région prélaryngée. A la palpation le cartilage thyroïde paraît normal. La crépitation laryngée a disparu.

On constate une petite masse ganglionnaire non douloureuse à la pression, à la partie supérieure de la région carotidienne droite.

Examen laryngoscopique (Professeur Moure). — On constate tuméfaction assez volumineuse de la moitié droite du larynx, intéressant particulièrement le repli aryténo-épiglottique droit, et la bande ventriculaire du même côté. La corde vocale droite est cachée par la tumeur.

L'aryténoïde droit est complètement immobilisé et infiltré. La tumeur présente une coloration rouge, un aspect bourgeonnant et donne tout à fait l'impression clinique d'un néoplasme.

La moitié gauche du larynx ne présente pas de lésions appréciables. La corde vocale est normale, seul l'aryténoïde est légèrement infiltré.

Symptômes fonctionnels. — Ils sont peu accentués, le malade a surtout une voix enrouée, un peu rauque. Pas de dyspnée. Gêne légère de la déglutition mais pas de douleur véritable. Aucun autre symptôme subjectif.

Etat général. — Peu touché : le malade est légèrement amaigri, inappétence, pas de température vespérale, pas de sueurs nocturnes.

On fait le diagnostic clinique de tumeur maligne du larynx, mais avant de prendre la décision d'intervenir chirurgicalement par une laryngectomie, on fait une prise biopsique en pleine tumeur, qui révèle l'existence d'un fibro-tuberculome. L'opération est écartée et l'on fait un traitement médical.

BIBLIOGRAPHIE

1. ARIZA. — Tisis laryngea, 1877.
     — Journal de Médecine de Madrid. 1885.
2. John MACKENSIE. — Un cas de tumeur laryngée atteint depuis 35 ans d'altération de la voix. Archives Médicales de New-York, 1882.
3. LORMOYEZ. — Végétalines polypiformes tuberculeuses sur la corde vocale droite, page 183. Annales des maladies de l'oreille et du larynx, 1884.
4. CARTAZ. — Sur les tumeurs tuberculeuses du larynx. Archives de laryngologie, page 82. 1889.
5. AVELLIS. — Deutsch. mediz. Wochenschr. N°ˣ 32, 33. 1891.

6. PERCY KIDD. — Petite tumeur sous-glottique de nature incertaine dans un cas de tuberculose laryngée, 14 mars 1894.
7. CLIFFORD BEALE. — Tumeur tuberculeuse du larynx, 14 février 1894.
8. DUNDAS GRANT. — Cas de tumeur tuberculeuse interligamenteuse chez un homme âgé (Séance du 1ᵉʳ juin 1900). 1900.
9. TRAUTMANN. — Tumeur tuberculose du larynx. Archives of Laryngol. Londres. (XII I 1901).
10. GRONBECK. — Tumeur tuberculeuse du larynx. C. R. Société danoise d'oto-rhino-laryngologie. 23 novembre 1901.
11. SCHUNGELOW. — Tuberculome du larynx chez un homme de 62 ans. Société danoise O. R. L. 1901.
12. SOPHUS BEUTZEN. — Tuberculose du larynx. Société danoise O. R. L. 1901.
13. GOUGENGHEIM. — C. R. Congrès international d'O. R. L. Paris, 1899.
14. Ed. MOURE. — Traité des maladies de la gorge, du pharynx et du larynx. 1904. (Douin).
15. JACQUES. — Tumeur tuberculeuse du larynx. Congrès français d'O. R. L. 1913.
16. COLLET. — Traité sur la tuberculose du nez, du larynx et de la trachée. Paris (Octave Drouin. 1913).
17. Georges PORTMANN. — Le fibro-tuberculome du larynx. Presse médicale. Nᵒ 11, 7 février 1920.

CONCLUSIONS

De cette étude rapide sur le « fibro-tuberculome » découle la nécessité de faire entrer cette lésion bacillaire, tout à fait particulière, dans la description clinique des différentes manifestations tuberculeuses apparaissant au niveau de l'organe vocal.

En raison de sa similitude morphologique avec les tumeurs malignes, elle doit également prendre rang dans le diagnostic différentiel des néoplasmes du larynx — et cela a une importance de premier ordre, car le traitement des deux affections, cancer et fibro-tuberculome, diffère presque toujours. Dans le premier traitement chirurgical. Dans le second traitement médical ou palliatif suivant l'étendue de la lésion.

Nous croyons devoir insister aussi sur la fréquence du fibro-tuberculome, puisqu'il nous a été permis d'en observer trois cas en l'espace de quelques mois à la clinique de M. le Professeur Moure ; nous ne voyons pas là une simple coïncidence.

Paralysie Recurrentielle
et Tachycardie Paroxistique
chez un Malade atteint de Tuberculose multiple

Communication faite à la Société Française d'Oto-Rhino-Laryngologie

---

Le fait clinique que je vous apporte n'a d'autre mérite que la curieuse complexité de son syndrome et les différentes hypothèses étio-pathogéniques qu'il peut suggérer. Voici d'ailleurs brièvement ce dont il s'agit :

Je suis appelé en juillet dernier par le docteur Langlois auprès de M. X, soixante ans, emphysémateux de longue date qui présente depuis quelques jours une dysphonie survenant au cours d'une infection bacillaire qui ne laisse point d'être originale et par son évolution et par ses manifestations. Rien de sensationnel dans les antécédents héréditaires et personnels si ce n'est une obésité ancienne qui céda progressivement à un régime approprié.

Au cours de cet hiver, congestion pulmonaire grippale au niveau de la base gauche ; évolution favorable rapide. A ce moment bruits de variole épidémique dans le Sud de la France ; la vaccination est recommandée. Malgré son âge avancé le malade demande à son médecin de le vacciner. Tout se passe bien. Les pustules évoluent normalement, mais quinze jours après, un ictère léger apparaît, cependant qu'une hyperthémie s'installe définitivement.

Surviennent alors à l'avant-bras gauche trois nodosités qui atteignent la grosseur d'une cerise, sont arrondies et indolores. La peau sus-jacente est intacte. Elles se ramollissent rapidement. Le Dr Prat appelé en consultation pose le diagnostic de kyste suppuré sans en préciser la nature. Il incise le plus volumineux. Du pus séreux avec débris caséeux s'écoule, il reste une petite cavité à bord légèrement décolleté, à fond gris jaunâtre ; une fistule s'établit.

L'examen bactériologique du pus et l'inoculation au cobaye décèle le bacille de Koch. Celui-ci est également retrouvé dans les crachats.

Le Wassermann est négatif. Des tuberculomes sous-cutanés apparaissent un peu partout, au cou, à la face, aux jambes, et au niveau des grandes articulations.

Le canal de Warthon s'indure et suppure. Une gomme bacillaire apparaît au niveau du voile du palais et s'ulcère rapidement.

Les bords sont violacés, décollés, atones.

Tandis que ces lésions multiples évoluent avec température plus ou moins élevée, une dysphonie assez marquée intervient, en même temps qu'une crise de tachycardie paroxystique qui dure deux heures ; celle-ci est typique ; elle se déclanche brusquement et cesse de même. Sensation d'angoisse, pouls incomptable, éréthisme cardio-vasculaire très accusé. La respiration est légèrement gênée, et le cœur se dilate. Pas de souffle.

Le malade sort très choqué de cette première crise, tant au moral qu'au physique.

Les jours suivants, l'enrouement persiste, les crises cardiaques reprennent fréquemment ; c'est alors que je suis appelé,

L'examen laryngoscopique pratiqué le 18 juillet permet de constater la parésie de la corde vocale gauche qui d'ailleurs est d'aspect normal. Lorsqu'on fait émettre un son les cordes s'affrontent difficilement, et, à l'inspiration, la gauche est limitée dans ses mouvements d'abduction. Je revois le malade 4 jours après. L'enrouement est beaucoup plus prononcé. La voix devient bitonale. L'examen laryngé décèle une paralysie nette de la corde gauche qui repose immobile en position intermédiaire.

Elle est relâchée et déprimée. L'aryténoïde gauche est affaissée, et la corde est placée sur un plan inférieur à la corde droite.

Il s'agit d'une paralysie récurrentielle classique. Entre temps les crises de tachycardie se multiplient et sont de plus en plus longues. L'examen de la crosse aortique est négatif, et le cœur est dilaté et gros. Le malade se cachectise, des tuberculomes apparaissent un peu partout, se résorbent ou se fistulisent, et le malade meurt fin septembre dernier, aphone et asystolique.

Trois ordres de faits dominent l'évolution de cette maladie :

La forme plurikystique des lésions bacillaires.

La paralysie récurrentielle gauche

Les crises de tachycardie paroxystique essentielle.

Paralysie de la corde et tachysardie paroxystique apparaissant en même temps, trahissent la souffrance du pneumo-gastrique, compromettant ainsi la motilité de la corde vocale gauche et la fonction frénatrice cardiaque du vago-spinal. Mais où siège la lésion ? Ici plusieurs hypothèses :

1° La lésion est-elle corticale ou bulbaire ? L'hémorragie bulbaire spontanée ou le ramollissement du bulbe par thrombose ou embolie s'observent très rarement. La syphilis, la syringomyélie, la sclérose latérale amyotropique, la sclérose en plaques sont à écarter chez notre malade ; de même une myélite bulbaire toxique ou infectieuse enfin, les paralysies laryngées d'origine bulbaire ne sont pas toujours étendues à tout le territoire musculaire du récurrent. Il y a très fréquemment sélection paralytique, l'élément dilatateur parait seul frappé (Brockært).

D'autre part, il y a fréquemment anesthésie de la muqueuse laryngée, et la paralysie de la langue est bien souvent associée à des troubles de la moitié du pharynx, du voile, et des muscles sterno- et trapèze en raison du voisinage au niveau du bulbe des noyaux du vague avec ceux de l'hypoglosse et du spinal.

Tous ces organes sont intacts chez notre malade.

Troubles cardiaques et paralysie récurrentielle situent la lésion au niveau du pneumo gastrique, dans sa partie comprise entre l'émergence du laryngé supérieur et celle du récurrent. Ainsi, au symptôme laryngé s'ajoutent d'autres symptômes relevant d'une altération des fibres cardiaques. Nous voulons parler des modifications du pouls, ralentissement ou accélération suivant les degrès de compression ou l'étendue de la lésion.

S'agit-il d'une névrite, toxique ou infectieuse, ou plus simplement d'une compression.

Nous écartons la névrite toxique ; en général due au plomb. Notre malade est indemne de saturnisme. La névrite infectieuse tuberculeuse est possible mais les exemples en sont bien peu fréquents dans la littérature. Aussi bien, le diagnostic de névrite infectieuse est presque toujours porté par simple exclusion.

Nous arrivons ainsi par déduction à la cause la plus vraisemblable, la compression.

L'aorte est normale et ne saurait être incriminée. Adénite tuberculeuse ou tuberculome médiastinal ? Nous penchons volontiers vers ce dernier diagnostic, notre malade présentant une infection bacillaire curieuse qui se traduit par une véritable floraison de gomme tuberculeuse.

Signalons néanmoins la possibilité d'une compression récurrentielle gauche d'origine cardiaque, par l'oreillette gauche considérablement hypertrophiée ou par dilatation du ventricule droit.

L'examen attentif cardio-aortique de notre malade tout en constatant un cœur dilaté, permet difficilement cette pathogénie.

Il s'agissait, Messieurs, d'un malade de clientèle ; vous comprendrez pourquoi l'autopsie ne nous fut point permise, nous laissant ainsi dans le domaine de l'hypothèse, mais nous avons jugé cette observation intéressante par les déductions pathogéniques étudiées ci-dessus. Nous sommes autorisés à voir dans la paralysie récurrentielle, les crises cardiaques, les tuberculomes multiples de notre malade une relation indiscutable. et à localiser le nœud de ce syndrome dans la région paralaryngée du médiastin.

VARIA

Electro-coagulation des tumeurs malignes
en Oto-Rhino-Laryngologie

(Communication faite à la Société d'Oto-Rhino-Laryngologie italienne. Congrès de Venise. Septembre 1925).

Le traitement du cancer est décevant. Intervention sanglante, mutilations audacieuses, rayons X, radium, tour à tour pleins de promesses, sont malheureusement aujourd'hui chargés d'insuccès, et bien souvent responsables de « coups de fouet » impressionnants dans l'évolution du mal. Notre devoir est donc d'aller chaque jour plus avant dans la recherche d'une arme plus efficace dans la lutte contre le néoplasme. Il en est une, créée par Doyen, puis tombée dans l'oubli, et réhabilitée depuis peu par Bergonie et par Bordier; j'ai nommé l'électro-coagulation. Appliquée d'abord aux tumeurs bénignes, aux cicatrices vicieuses, aux sténoses nasales ou pharyngées, elle est aujourd'hui rentrée dans le domaine de l'oto-rhino-laryngologie, grâce aux travaux de Poyet, Baldenweck, Leroux-Robert, etc., mais peu de spécialistes l'ont utilisée dans le traitement des cancers, opérables ou non. J'ai eu l'occasion d'observer, grâce aux Docteurs Julien et Stéfani (de Nice), qui ont travaillé et mis au point cette question, plusieurs succès thérapeutiques dans le champ de notre spécialité, et j'ai moi-même traité plusieurs cas de néoplasmes de l'amygdale et du larynx, dont l'aspect était inopinérable et dont la cicatrisation se maintient aujourd'hui. Il est entendu que je ne parle pas de guérison... puisque la thérapeutique employée ne date que de quelques mois. Je veux seulement exposer aujourd'hui mes impressions sur la question et la façon dont je conçois l'électro-coagulation dans la spécialité.

Cette thérapeutique implique deux manœuvres : une manœuvre chirurgicale, à la fois préparatoire et thérapeutique qui constitue le premier temps, et une manœuvre physio-thérapeutique, manœuvre électrique proprement dite, qui constitue le second temps.

L'acte chirurgical vise à trois buts :

1° Exécuter la voie d'accès. Exemple : dans un cancer du sinus maxillaire, la trans-maxillo-nasale est le temps indispensable pour découvrir la tumeur et permettre à l'électrode d'agir efficacement.

2° Pratiquer l'hémostase préventive. Exemple : Dans un cancer de l'amygdale, la ligature de la carotide externe s'impose;

3° Détruire les ganglions suspects.

L'acte physiothérapique (temps électrique) doit suivre de quelques jours.

L'appareil que nous employons est celui d'Arsonval-Gaiffe. Les électrodes actives sont de forme et de dimensions variables. Ce sont des couteaux mousses, des harpons, des aiguilles, etc... Les écarteurs sont en verre, les curettes en bois (instrumentation du docteur Julien).

Technique : on place l'électrode indifférente dans la région du dos. L'anesthésie générale est préférable.

Opération : Il s'agit d'une véritable dissection diathermique. La première manœuvre consiste à circonscrire d'un sillon profond et au couteau l'ulcère néoplasique. Il faut tracer ce sillon en tissu sain et si possible à 1 centimètre de la lésion. Le bistouri diathermique doit pénétrer la muqueuse, la couche sous-muqueuse jusqu'à la couche musculaire. Décoller si possible la face profonde de la tumeur ; puis plonger à plusieurs reprises l'aiguille diathermique en plein tissu néoplasique.

L'intensité employée varie de 1.000 à 2.000 milliampères, suivant la région atteinte. Dans le secteur amygdalien, il est imprudent de dépassser 1.200 milliampères. On curette et on termine l'intervention par un étincellage en surface qui stérilise et fait l'hémostase.

SUITES IMMEDIATES

Le malade souffre. Un œdème assez considérable suit de quelques heures l'acte diathermique. Aussi bien lorsqu'on est intervenu dans la région laryngée, faut-il se tenir prêt à une trachéotomie. Puis les phénomènes s'amendent rapidement, l'escharre tombe vers le dixième jour et la cicatrice définitive est d'une souplesse étonnante.

CONCLUSIONS

L'électro-coagulation paraît être une méthode thérapeutique assez puissante du cancer. Elle est facile, peu mutilante, et, des méthodes jusqu'ici employées, nous semble stériliser le mieux la cellule néoplasique. Elle ne guérit peut-être pas, mais, correctement employée, elle détruit parfaitement les tumeurs dites opérables, et la récidive ne peut qu'en être retardée.

La Surdité de Beethoven

(Communication faite à la Société de Médecine de Nice. - Avril 1927)

Messieurs,

Si j'ai voulu ce soir ne point faillir à ma communication, alors que vient de se fermer le tombeau qui m'est cher entre tous, c'est bien qu'en se penchant sur la vie de Beethoven, on sent monter autour de soi une atmosphère de douleur où les cœurs les plus tristes sont certains de trouver le plus pur aliment ; on peut ainsi donner à ce sujet ses larmes les plus belles.

A l'heure où sur la vieille Europe, pareils à des fumées d'encens, s'élèvent les hommages au génie de Beethoven, je crois qu'en évoquant, ce soir, en notre société, la figure émouvante de ce géant de la musique frappé de surdité, nous faisons à la fois œuvre pieuse et utile. Ce centenaire, après tant d'autres pâles, est une fête de l'esprit ; notre devoir est d'y participer ; ainsi nous nous écarterons pour un instant des champs arides de la science, et puis, les côtoyant par des chemins plus beaux, peut-être atteindrons-nous à ces nobles sommets où la musique et la douleur font une aimable symphonie.

Pardonnez à celui qui vous mène : vous l'aiderez, j'en suis bien sûr : en gens de goût et en esthètes, vous saurez pallier aux défaillances de cette étude, qui, sans prétention, ne vise qu'à un but : celui de parfumer ce soir nos réunions un peu sévères, de souvenances musicales et de quelques émotions littéraires.

Le génie de Beethoven est en partie du domaine médical. N'a-t-il point certaines de ces racines, peut-être les plus profondes, dans une maladie implacable, la surdité scléreuse, qui interdit le monde au musicien qu'on exalte aujourd'hui. Ainsi fut-il emporté vers des régions qui nous dépassent... et où sont nées les « Symphonies ». Essayons ce soir, par l'étude de sa vie et l'examen de sa cophose, de dégager l'influence du mal sur l'œuvre de l'artiste.

Nombreux sont les auteurs séduits par ce sujet ; la liste en est bien longue ; je vous épargnerai, mais vous me permettrez de vous citer deux noms que j'aime et que j'admire : Canuyt et Bilancioni.

Canuyt, professeur à la Faculté de Médecine de Strasbourg, faisait, il y a 4 ans, au Congrès International d'Otologie, une communication très applaudie sur la surdité de Beethoven. Il traita ce sujet en savant et en artiste... et cela ne fut point pour nous surprendre : c'est un ténor délicat ; j'entends encore résonner sa voix chaude dans les couloirs désuèts de la clinique Moure, au temps pas très lointain où je puisais à son enseignement.

Bilancioni, professeur à la Faculté de Pise, étudia Beethoven en médecin et en littérateur ; il a, dans un ouvrage remarqué par la presse entière, fouillé tous les aspects de cette immense vie ; en des envolées émouvantes, marquées du génie latin, il explique le génie de Beethoven par la grande douleur, et la douleur par la maladie.

Il y a cent ans, par une nuit de mars, Beethoven se mourait ; un orage effroyable éclatait sur Vienne, la nature hurlait sa douleur. « Applaudissez amis, la comédie est terminée ». Ces mots, tristement ironiques, furent les derniers que le surhomme prononça. Ce n'était pas une comédie, mais un drame qui venait de finir.

Beethoven naquit à Boon, le 16 décembre 1770, dans une maison misérable, humide et chargée d'ans. Son grand-père était musicien, son père ténor à la chapelle de l'Archevêché, mais, les cantiques qu'il chantait n'avaient pas su le garder des bouteilles, il était alcoolique et méchant. Sa mère, frêle et pâle, qu'il adorait comme on sait adorer une maman malheureuse, mourut prématurément de tuberculose pulmonaire. Voilà des antécédents chargés : éthylisme, bacillose, jeunesse pauvre et difficile, il n'en fallait pas plus pour marquer à jamais d'un lourd stigmate de tristesse la sensibilité exquise du petit Louis.

Tout le long de sa vie, il appela la joie et ne la trouva point. Mais il sut voiler la misère morale par la musique qu'il aimait, et par ses rêveries au bord du Rhin paisible où sont de belles solitudes dans un paysage essentiellement doux. Les heures rhénanes dominent sa production artistique. « Son père le Rhin », comme il l'appelle, qui va parmi les saules et les grands peupliers, puis baigne lentement de vieux villages gris, et de vastes prairies toutes émaillées de fleurs, sera plus tard, aux jours de spleen, parmi ses plus beaux souvenirs.

Beethoven se révéla musicien dès sa tendre jeunesse, et cela n'échappa point à son père qui, voyant en lui un second Mozart paré de dons prodigieux, l'obligea à un travail fort pénible. Dès l'âge de quatre ans, ses petits doigts couraient le clavecin très avant dans la nuit. Déjà s'en échappaient de belles notes, et cela faisait bien augurer de l'avenir. A neuf ans, il interprétait de façon étonnante les sonates de Haydn et de Mozart. A 13 ans, il était organiste adjoint et gagnait sa vie. A 17 ans, il partit pour Vienne, alors capitale musicale de l'Europe ; c'est là qu'il vit et enchanta Mozart, mais son séjour fut de courte durée ; le foyer l'appelait, il fallait remplacer un vieux père malade et nourrir la famille. Chargé d'écrire une cantate pour les funérailles de Joseph II, il devint ainsi compositeur officiel ; il n'avait pas encore 18 ans.

Rappelé à Vienne par Haydn, il quitta Bonn peu de temps après la mort de son père ; de là datent et sa vie musicale et les prodromes de son mal. Années douloureuses entre toutes, tant au physique qu'au moral. Des ennemis, des deuils et des chagrins d'amour : son frère Gaspard meurt et laisse un fils qu'il adopte, un autre frère, Charles, nouveau riche parfait, quitte son château du Danube dont il supporte mal le silence et le charme, et vient habiter Vienne. Il spécule sur les embarras financiers du grand musicien auquel il prête un peu d'argent en échange de magnifiques partitions. Beethoven a connu un instant la gloire, mais aussi, selon la belle image de Charles de Bellen, « l'une des choses les plus mélancoliques au monde, la gloire qui va s'effaçant d'un nom comme un rayon du soir quitte une ruine. » Cependant, la surdité progressait avec son cortège de troubles, et, en 1827, après une longue agonie, mal entouré, puisque sans femme et sans enfant, Beethoven enfin quittait notre vallée de larmes. Peines de cœur, soucis d'argent, souffrances physiques, avaient été les trop fidèles compagnons du « Prince des Symphonies. »

Messieurs, on peut disséquer cette vie, on n'y découvrira que rêves et tristesses. Pas l'éclair d'une joie, qu'il chercha à se forger quand même, dans ce chant magnifique qu'est son « Ode à la joie » ; et pour vous dire enfin cette implacable mélancolie, je ne puis mieux faire que de citer ici cette page émouvante que Romain Rolland écrivait sur Beethoven :

« Toute sa vie est pareille à une journée d'orage : au commen-
« cement, un jeune matin limpide, à peine quelques souffles de lan-
« gueur, mais déjà, dans l'air immobile, une secrète menace, un
« lourd pressentiment ; brusquement, les grandes ombres passent,
« les grondements tragiques, les silences bourdonnants et redouta-
« bles, les coups de vent furieux de l' « Héroïque » et de l' « Ut
« mineur ». Cependant, la pureté du jour n'est pas encore atteinte,
« la joie reste la joie, la tristesse garde toujours un espoir. Mais,
« après 1810, l'équilibre de l'âme se rompt, la lumière devient
« étrange ; des pensées les plus claires, on voit comme des vapeurs
« monter ; elles se dissipent, elles se reforment, elles obscurcissent
« le cœur de leur trouble mélancolique et capricieux. Souvent l'idée
« musicale semble disparaître tout entière, noyée, après avoir une
« ou deux fois émergé de la brume. Elle ne ressort, à la fin du mor-
« ceau, que par une bourrasque, la gaîté même a pris un caractère
« âpre et sauvage ; une fièvre, un poison se mêle à tous les senti-
« ments, l'orage s'amasse à mesure que le soir descend, et voici les
« lourdes nuées gonflées d'éclairs, noires de nuit, grosses de tempête,
« du commencement de la Neuvième. Soudain, au plus fort de l'ou-
« ragan, les ténèbres se déchirent, la nuit est chassée du ciel, la séré-
« nité du jour rendue par un acte de volonté. Quelle conquête vaut
« celle-ci, quelle bataille de Bonaparte, quel soleil d'Austerlitz attei-
« gnent à la gloire de cet effort surhumain, de cette victoire, la plus

« éclatante qu'ait jamais remporté l'esprit : un malheureux, pauvre,
« infirme, solitaire, la douleur faite homme, à qui le monde refuse
« la joie, crée la joie lui-même pour la donner au monde. Sa devise
« résume sa vie : « La joie par la souffrance », « Durch Leiden
« Freude ».

La face de Beethoven trahissait cette souffrance et l'orgueil. De
puissantes mâchoires, et une bouche épaisse où jamais ne passait un
sourire... des cheveux noirs désordonnés, un front bombé et haut,
des yeux sombres et clairs, qui semblaient regarder au delà de la
terre. Tel est le masque exceptionnel et de grand caractère que Klingé
et Klein ont taillé dans le marbre.

Si la surdité et la douleur physique ont marqué largement l'inspiration musicale de Beethoven, ses amours ne sont point étrangères
à sa production artistique. Permettez-moi d'en toucher quelques
mots ; et puis, rappeler la vie amoureuse d'un homme, n'est-ce point
rappeler toute entière sa vie ? Beethoven a aimé. Pour lui, chacun de
ses amours était une passion... mais une passion de grande pureté.
Il semble que Juliette Guicciardi lui ait fait éprouver sa première
et partant sa plus belle émotion, mais aussi ses premières tristesses
— pour elle est la sonate du « Clair de Lune » qu'il écrit par une
belle nuit où il croit retenir le bonheur... Mais bientôt le beau rêve
se brise, la femme qu'il avait choisie cachait, sous de beaux yeux,
une âme égoïste et cruelle... Il ne put l'épouser et tout entier alors se
donna au chagrin. Il pensait à la mort et volontiers se laissait effleurer par l'idée du suicide. De là le testament d'Heiligenstadt. Ces
pages admirables couronnent une série de symphonies et de sonates
qui tour à tour expriment le bonheur, les grandes déceptions, la douleur, la révolte et l'espoir. Ce sont la Sonate avec marche funèbre,
la deuxième Sonate, la Sonate à Kreutzer, et la seconde Symphonie.

Les chagrins s'effacent... L'oubli ne vient-il pas au cœur comme
aux yeux le sommeil ?... Et pendant 4 ans, Beethoven, pris par les
idées révolutionnaires qui, parties de la France, passent en un souffle
puissant sur les nations d'Europe, admire Bonaparte et le chante
dans la Symphonie Héroïque et la Symphonie en Ut mieur.

Bientôt, trop tôt peut-être, l'amour le reprend, il se jette tout
entier dans une passion à la fois violente et délicate, mais une passion qui devait rester sans issue. Vous avez deviné qu'il s'agit de
Thérèse de Brunswick, qu'il avait guidée dans ses premières notes.
C'était un amour partagé et très pur où l'intelligence et l'art jouaient
avec les baisers. L' « Appassionata » et la « Symphonie Pastorale »
sont l'expression de cette période de la vie où la jeune fille s'appli-
quait à masquer à Beethoven son effroyable infirmité : la surdité
qui commence. Mais, le mariage ne se fit pas ; une force inconnue
transforma cette passion en amitié amoureuse, sur laquelle le temps,
d'ailleurs, n'eut aucune prise.

On ne saurait, Messieurs, faire un travail sur Beethoven, sans rappeler le testament d'Heiligenstadt et certaines de ses lettres. Ces témoignages ont les accents des plus belles symphonies. Ecoutez-les plutôt :

Testament d'Heiligenstadt. — Pour mes frères Carl et Johann Beethoven.

« O vous, hommes qui me regardez ou me faites passer pour haineux, fou, ou misan-
« trope, combien vous êtes injustes pour moi! Vous ne savez pas la raison secrète de
« ce qui vous paraît ainsi! Mon cœur et mon esprit étaient enclins depuis l'enfance, au
« doux sentiment de la bonté. Même à accomplir de grandes actions, j'ai toujours été disposé.
« Mais songez seulement, depuis six ans quel est mon état affreux, aggravé par des méde-
« cins sans jugement, trompé d'année en année dans l'espérance d'une amélioration, enfin
« contraint à la perspective d'un mal durable — dont la guérison demande peut-être des
« années, si elle n'est pas tout à fait impossible. Né avec un tempérament ardent et actif,
« accessible même aux distractions de la société, je devais de bonne heure me séparer des
« hommes, passer ma vie solitaire. Si je voulais parfois surmonter tout cela, oh! combien
« durement je me heurtais à la triste expérience renouvelée de mon infirmité! Et pourtant,
« il ne m'était pas possible de dire aux hommes: « Parlez plus haut, criez; car je suis
« sourd ! » Ah ! comment me serait-il possible d'aller révéler la faiblesse d'un sens, qui
« devrait être chez moi plus parfait que chez les autres, un sens que j'ai autrefois possédé
« dans la plus grande perfection, dans une perfection comme certainement peu de gens
« de mon métier l'on jamais eu! — Oh! cela, je ne le peux pas! — Pardonnez moi donc,
« si vous me voyez vivre à l'écart, quand je voudrais me mêler à votre compagnie. Mon
« malheur m'est doublement pénible, puisque je lui dois d'être méconnu. Il m'est interdit
« de trouver un délassement dans la société des hommes, dans les conversations délicates,
« dans les épanchements mutuels. Seul, tout à fait seul. Je ne puis me risquer dans le monde,
« qu'autant qu'une impérieuse nécessité l'exige. Je dois vivre comme un proscrit. Si je m'ap-
« proche d'une société, je suis saisi d'une dévorante angoisse, par peur d'être exposé à ce
« qu'on remarque mon état.
« De là ces six mois que je viens de passer à la campagne. Mon savant médecin m'en-
« gagea à ménager mon ouïe autant que possible; il vint au devant de mes intentions pro-
« pres. Et pourtant, maintes fois ressaisi par mon penchant pour la société, je m'y suis
« laissé entraîner. Mais, quelle humiliation, quand il y avait quelqu'un près de moi, et qu'il
« entendait au loin une flûte et que je n'entendais rien, ou qu'il entendait le pâtre chanter
« et que je n'entendais toujours rien! De telles expériences me jetèrent bien près du déses-
« poir: et peu s'en fallut que moi-même je ne misse fin à ma vie. — C'est l'Art, c'est lui
« seul qui m'a retenu. Ah! il me semblait impossible de quitter ce monde avant d'avoir
« accompli tout ce dont je me sentais chargé. Et ainsi je prolongeai cette misérable vie, —
« vraiment misérable, — un corps si irritable, que le moindre changement peut me jeter
« de l'état le meilleur dans le pire! — Patience! Ainsi dit-on; c'est elle que je dois main-
« tenant choisir pour guide. Je l'ai. — Durable, je l'espère, doit être ma résolution de
« résister, jusqu'à ce qu'il plaise aux Parques inexorables de trancher le fil de ma vie.
« Peut-être cela ira-t-il mieux, peut-être non: je suis prêt. A vingt-huit ans, déjà, être forcé
« de devenir philosophe, ce n'est pas facile; c'est plus dur encore pour l'artiste que pour
« tout autre.
« Divinité, tu pénètres d'en haut le fond de mon cœur, tu le connais, tu sais que
« l'amour des hommes et le désir de faire le bien y habitent! Oh! les hommes, si vous lisez
« un jour ceci, pensez que vous avez été injustes pour moi; et que le malheureux se console
« en trouvant un malheureux comme lui, qui, malgré tous les obstacles de la nature, a
« cependant fait tout ce qui était en son pouvoir, pour être admis au rang des artistes et
« des hommes d'élite.
« Vous, mes frères Carl et Johann, aussitôt que je serai mort, et si le professeur Schmidt
« vit encore, priez-le en mon nom qu'il décrive ma maladie, et joignez à l'historique de ma
« maladie, la lettre que voici, afin qu'après ma mort, au moins autant qu'il est possible,
« le monde se réconcilie avec moi. — En même temps je vous reconnais tous deux pour les
« héritiers de ma petite fortune — si on peut l'appeler ainsi. Partagez-la loyalement, soyez
« d'accord et aidez-vous l'un l'autre. Ce que vous m'avez fait de mal, vous le savez, je
« vous l'ai depuis longtemps pardonné. Toi, mon frère Carl, je te remercie tout particulière-

« ment encore pour l'attachement que tu m'as témoigné dans ces derniers temps. Mon souhait
« est que vous ayez une vie plus heureuse, plus exempte de soucis que la mienne. Recom-
« mandez à vos enfants la vertu: elle seule peut rendre heureux, non l'argent. Je parle par
« expérience. C'est elle qui m'a soutenu moi-même dans ma misère; c'est à elle que je
« dois, ainsi qu'à mon art, de n'avoir pas terminé ma vie par le suicide. — Adieu, et aimez-
« vous! — Je remercie tous mes amis, en particulier le prince Lichnowski et le professeur
« Schmidt. Je souhaite que les instruments du prince L. puissent être conservés chez l'un de
« vous. Mais qu'il ne s'élève à ce sujet aucun débat entre vous. S'ils peuvent vous être
« bon à quelque chose de mieux vendez-les aussitôt. Combien je serais heureux, si je
« puis encore vous servir dans ma tombe !

« S'il en est ainsi, avec joie je vole au devant de la mort. — Si elle vient avant que
« j'ai eu l'occasion de développer toutes mes facultés artistiques, malgré mon dur destin, elle
« vient encore trop tôt pour moi, et je souhaiterais de la retarder. Mais même ainsi je suis
« content. Ne me délivre-t-elle pas d'un état de souffrance sans fin ? Viens quand tu veux.
« je vais courageusement au-devant de toi. — Adieu et ne m'oubliez pas tout à fait dans
« la mort ; je mérite que vous pensiez à moi ; car j'ai souvent pensé à vous, dans ma vie,
« pour vous rendre heureux. Soyez-le !

Ludwig van Beethoven.

« Heiligenstadt, le 6 octobre 1802.

Pour mes frères Carl et Johann.
A lire et à exécuter après ma mort.

« *Heiligenstadt, le 10 octobre 1802.* — Ainsi, je prends congé de toi et certes triste-
« ment. — Oui la chère espérance — que j'apportais ici, d'être guéri, au moins jusqu'à
« un certain point, — elle doit m'abandonner tout à fait. Comme les feuilles de l'automne
« tombent et sont flétries, ainsi, — ainsi elle aussi s'est desséchée pour moi. A peu près
« comme je suis venu, — je m'en vais. — Même le haut courage — qui me soutenait souvent
« dans les beaux jours d'été, — il s'est évanoui. — O Providence — fait moi apparaître
« une fois un pur jour de joie! Il y a si longtemps que la résonnance profonde de la vraie
« joie m'est étrangère! — Oh! quand — Oh! quand, ô Divinité! pourrai-je encore la sentir
« dans le Temple de la nature et des hommes ? — Jamais ? — Non ! — Oh ! ce serait
« trop cruel ! »

LETTRES

Au Pasteur Amenda, en Courlande

Mon cher, mon bon Amenda, mon ami de tout cœur, avec une émotion profonde, avec
un mélange de douleur et de joie j'ai reçu et lu ta dernière lettre. A quoi puis-je comparer
ta fidélité, ton attachement envers moi! Oh! cela est bien bon, que tu me sois toujours resté
si ami. Oui, j'ai mis ton dévouement à l'épreuve, et je sais faire la distinction de toi et de
tous les autres. Tu n'est pas un ami de Vienne, non tu es un de ceux comme le sol de ma
patrie a coutume d'en porter ! Combien je te souhaite souvent auprès de moi ! car ton Beethoven est profondément malheureux. Sache que la plus noble partie de moi-même, mon ouïe
s'est beaucoup affaiblie. Déjà à l'époque où tu étais près de moi, j'en sentais les symptômes,
et je le cachais ; depuis, cela a toujours été pire. Si cela pourra jamais être guéri, il faut
attendre (pour le savoir); cela doit tenir à mon affection du ventre. Pour celle-ci je suis presque tout à fait rétabli ; mais pour l'ouïe, se guérira-t-elle? Naturellement, je l'espère ; mais
c'est bien difficile, car de telles maladies sont les plus incurables. Comme je dois vivre
tristement, éviter tout ce qui m'est cher, et cela parmi des hommes si misérables, si égoïstes!...
Entre tous, je puis dire que l'ami le plus éprouvé est pour moi Lichnowski. Depuis l'année passée, il m'a donné 600 florins : cela, et la vente fructueuse de mes œuvres me met
en état de vivre sans le souci du pain à gagner. Tout ce que j'écris maintenant, je puis le
vendre aussitôt cinq fois et être bien payé. J'ai écrit pas mal de choses ces derniers temps ;
et puisque j'apprends que tu as commandé des pianos chez....., je veux t'envoyer différentes
œuvres dans l'emballage de l'un d'eux, pour que cela te coûte moins cher.
Maintenant, pour ma consolation, est venu ici un homme, avec qui je puis jouir du

plaisir de la conversation et de l'amitié désintéressée : c'est un de mes amis de jeunesse. Je lui ai souvent parlé de toi, et je lui ai dit que depuis que j'ai quitté ma patrie, tu es un de ceux que mon cœur a élus. — Lui non plus n'aime pas le..... Il est et reste trop faible pour l'amitié. Je le regarde lui et... comme de purs instruments, dont je joue quand il me plaît : mais ils ne peuvent être jamais de nobles témoins de mon activité, pas plus qu'ils ne peuvent vraiment participer à ma vie ; je les taxe seulement d'après les services qu'ils me rendent. Oh! comme je serais heureux si j'avais tout l'usage de mon ouïe! Je courrais alors vers toi. Mais je dois rester à l'écart de tout. Mes plus belles années s'écouleront sans que j'ai accompli tout ce que mon talent et ma force m'auraient commandé. Triste résignation, où je dois me réfugier ! Sans doute je me suis proposé de me mettre au-dessus de tous ces maux ; mais comment cela me sera-t-il possible ? Oui, Amenda, si dans six mois mon mal n'est pas guéri, j'exige de toi que tu laisses tout, et que tu viennes auprès de moi ; alors je voyagerai (mon jeu et ma composition souffrent très peu de mon infirmité ; c'est seulement dans la société qu'elle est le plus sensible) tu seras mon compagnon : je suis convaincu que le bonheur ne me manquera pas ; avec quoi ne pourrais-je pas me mesurer maintenant ! Depuis que tu es parti, j'ai écrit de tout, jusqu'à des opéras et de la musique d'église. Oui, tu ne refuseras pas ; tu aideras ton ami à porter son mal, ses soucis. J'ai aussi beaucoup perfectionné mon jeu de pianiste, et j'espère que ce voyage pourra aussi te faire plaisir. Après, tu resteras éternellement auprès de moi. — J'ai reçu exactement toutes tes lettres ; si peu que j'y ai répondu, tu m'as toujours été présent, et mon cœur bat pour toi avec la même tendresse. — Ce que je t'ai dit de mon ouïe, je te prie de le garder comme un grand secret, et de ne confier à personne quel qu'il soit. — Ecris moi très souvent. Tes lettres, même quand elles sont si courtes, me consolent et me font du bien. J'en attends bientôt une autre de toi, mon bien cher. — Je ne t'ai pas envoyé ton quatuor, parce que je l'ai tout à fait remanié, depuis que je commence à savoir écrire convenablement des quatuors : ce que tu verras quand tu les recevras. — Maintenant, adieu mon cher bon ! Si tu crois que je puisse faire pour toi quelque chose qui te soit agréable, il va de soi que tu dois le dire à ton fidèle L. v. Beethoven, qui t'aime sincèrement.

Au Docteur Franz Gerhard Wegeler

Vienne, 29 juin 1801.

Mon bon cher Wegeler, combien je te remercie de ton souvenir ! Je l'ai si peu mérité, si peu cherché à le mériter ;et pourtant tu es si bon, tu ne te laisses rebuter par rien, même par ton impardonable négligence ; tu restes toujours le fidèle, bon, loyal ami. — Que je puisse t'oublier, vous oublier, vous tous qui m'avez été si chers et si précieux, non, ne 'e crois pas ! Il y a des moments où je soupire après vous, où je voudrais passer quelque temps auprès de vous. Ma patrie, la belle contrée où je vis la lumière du monde, m'est toujours aussi clairement et nettement présente que lorsque je vous ai quittés. Ce sera un des plus heureux instants de ma vie, que celui où je pourrai vous revoir et saluer notre père le Rhin. — Quand cela sera, je ne puis te le dire avec exactitude. Du moins je veux vous dire que vous me retrouverez plus grand : je ne parle pas de l'artiste, mais aussi de l'homme, qui vous semblera meilleur, plus accompli ; et si le bien-être n'a pas un peu augmenté ; dans notre patrie, mon art doit se consacrer à l'amélioration du sort des pauvres...

Tu veux savoir quelque chose de ma situation ; eh bien, cela ne va pas trop mal. Depuis l'an passé, Lichnowski, qui, si incroyable que cela puisse te paraître, même quand je te le dis a toujours été et est resté mon ami le plus chaud — (il y a bien eu de petites mésintelligences entre nous ; mais elles ont affermi notre amitié), — Lichnowski m'a versé une pension de 600 florins, que je dois toucher aussi longtemps que je ne trouverai pas de position qui me convienne. Mes compositions me rapportent beaucoup, et je puis dire que j'ai plus de commandes que je n'y puis satisfaire. Pour chaque chose, j'ai six, sept éditeurs, et encore plus si je veux m'en donner la peine. On ne discute plus avec moi : je fixe un prix et on le paye. Tu vois comme c'est charmant. Par exemple, je vois un ami dans le besoin, et la bourse ne me permet pas de lui venir en aide : je n'ai qu'à me mettre à ma table de travail ; et, en peu de temps, je l'ai tiré d'affaire. — Je suis aussi plus économe qu'autrefois.

Malheureusement, mon démon jaloux, ma mauvaise santé, est venu se jeter à la traverse. Depuis trois ans, mon ouïe est toujours devenue plus faible. Cela doit avoir été causé par mon affection du ventre, dont je souffrais déjà autrefois, comme tu sais, mais qui a beaucoup empiré, car je suis continuellement affligé de diarrhée, et, par suite, d'une extraordinaire faiblesse. Frank voulait me tonifier avec des reconstituants, et traiter mon ouïe par l'huile d'amandes. Mais, prosit ! cela n'a servi à rien ; mon ouïe a toujours été plus mal et mon ventre est resté dans le même état. Cela a duré ainsi jusqu'à l'automne dernier, où j'ai été souvent au désespoir. Un âne de médecin me conseilla des bains froids ; un autre plus avisé des bains tièdes du Danube. Cela fit merveille ; mon ventre s'améliora, mais mon ouïe resta de même, ou devint encore plus malade. Cet hiver, mon état fut vraiment déplorable : j'avais d'effroyables coliques et je fis une rechute complète. Je restai ainsi jusqu'au mois dernier, où j'allais voir Vering , car je pensai que mon mal réclamait plutôt un chirurgien et, du reste, j'ai toujours eu confiance en lui. Il réussit à couper presque complètement cette violente diarrhée ; il m'ordonna des bains tièdes du Danube, dans lesquels il me faisait verser une fiole de liqueurs fortifiantes ; il ne me donna aucune médecine, sauf, depuis quatre jours environ, des pilules pour l'estomac et une sorte de thé pour les oreilles qui bruissent et mugissent (sausen und brausen) nuit et jour. Je puis dire que je mène une vie misérable. Depuis presque deux ans, j'évite toute société parce que je ne puis dire aux gens : « Je suis sourd ». Si j'avais quelqu'autre métier cela serait encore possible; mais dans le mien, c'est une situation terrible. Que diraient de cela mes ennemis dont le nombre n'est pas petit !

Pour te donner une idée de cette étrange surdité, je te dirai qu'au théâtre je dois me mettre tout près de l'orchestre pour comprendre les acteurs. Je n'entends pas les sons élevés des instruments et des voix, si je me place un peu loin. Dans la conversation il est surprenant qu'il y ait des gens qui ne l'aient pas remarqué. Comme j'ai beaucoup de distractions, on met tout sur leur compte. Quand on parle doucement, j'entends à peine ; oui, j'entends bien les sons, mais pas les mots ; et d'autre part, quand on crie, cela m'est intolérable. Ce qu' en adviendra, le ciel le sait. Vering dit que cela s'améliorera certainement, si cela ne guérit pas tout à fait. Bien souvent j'ai maudit mon existence et le Créateur. Plutarque m'a conduit à la résignation. Je veux, si toutefois cela est possible, je veux braver mon destin ; mais il y a des moments où je suis la plus misérable créature de Dieu. Je te supplie de ne rien dire de mon état à personne, même pas à Lorchen ; je te le confie sous le sceau du secret. Il me serait agréable que tu écrives à ce sujet à Vering. Si mon état doit durer, je viendrai, le printemps prochain, auprès de toi ; tu me loueras, dans quelque beau pays, une maison de campagne, et je veux me refaire paysan pour six mois. Peut-être cela me fera-t-il du bien. Résignation ! Quel triste refuge ! Et pourtant c'est le seul qui me reste !— Tu me pardonnes de t'apporter encore ce souci d'amitié au milieu de tous tes ennuis.

Steffen Breuning est maintenant ici, et nous sommes presque tous les jours ensemble. Cela me fait tant de bien d'évoquer les sentiments passés ! Il est devenu vraiment un bon et excellent jeune homme, qui sait quelque chose, et qui a (comme nous tous plus ou moins) le cœur à la bonne place....

Je veux écrire aussi à la bonne Lorchen. Jamais je n'ai oublié un seul de vous, chers bons, même si je ne vous donne aucun signe de vie ; mais écrire, tu le sais, n'a jamais été mon fort; mes meilleurs amis sont restés des années sans recevoir une lettre de moi. Je ne vis que dans mes notes; à peine une œuvre est terminée qu'une autre est déjà commencée. A la façon dont je travaille maintenant, je fais souvent trois ou quatre choses à la fois Ecris-moi plus souvent ; je veux tâcher de trouver le temps de te répondre. Salue tout le monde de ma part...

Adieu, mon bon, mon fidèle Wegeler ! Sois assuré de l'affection et de l'amitié de ton Beethoven.

A Wegeler

Vienne, 16 novembre 1801.

Mon bon Wegeler ! Je te remercie pour ta nouvelle marque de sollicitude, d'autant plus que je la mérite si peu. Tu veux savoir comment je vais, et ce dont j'ai besoin. Si peu agréable qu'il me soit de m'entretenir de ce sujet, je le fais pourtant plus volontiers avec toi.

Vering me pose toujours depuis des mois des vésicatoires sur les deux bras... Ce traitement m'est extrêmement désagréable ; sans parler des douleurs, je suis constamment privé pour un ou deux jours de l'usage de mes bras... Je dois convenir que le bruissement et 'e bourdonnement sont un peu plus faibles qu'autrefois, surtout à l'oreille gauche, par laquelle ma surdité a commencé ; mais mon ouïe ne s'est certainement améliorée en rien jusqu'à présent ; je n'ose pas décider si elle n'est pas devenue encore pire. Mon ventre va mieux ; surtout quand j'use pendant quelques jours de bains tièdes, je me trouve assez bien, huit ou dix jours. De loin en loin, je prends quelque chose de fortifiant pour l'estomac; je commence aussi, d'après ton conseil, des applications d'herbes sur le ventre. Vering ne veut pas entendre parler des douches. Du reste, je ne suis pas très content de lui. Il a vraiment trop peu de soins et d'attention pour une telle maladie ; si je n'allais pas chez lui — et cela m'est très difficile, — je ne le verrais jamais. — Que penses-tu de Schmidt ? Je ne change pas volontiers ; mais il me semble que Vering est trop praticien pour renouveler beaucoup ses idées par la lecture. — Schmidt me semble en ceci un tout autre homme, et ne serait peut-être pas aussi négligent. — On dit merveille du galvanisme ; qu'en pense-tu ? Un médecin m'a dit qu'il avait vu un enfant sourd-muet recouvrer l'ouïe, et un homme sourd depuis sept ans, guéri également. — Justement j'apprends que Schmidt fait des expériences là-dessus.

Je vis de nouveau un peu plus agréablement ; je me mêle davantage parmi les hommes. Tu peux à peine croire quelle vie de solitude et de tristesse j'ai mené depuis deux ans. Mon infirmité se dressait partout devant moi, comme un spectre et je fuyais les hommes. Je devais paraître misanthrope, et je le suis pourtant si peu ! — Ce changement, une chère charmante fille l'a accompli; elle m'aime et je l'aime: voici de nouveau quelques moments heureux depuis deux ans; et c'est la première fois que je sens que le mariage pourrait donner le bonheur. Malheureusement, elle n'est pas de ma condition ; — et maintenant, à dire vrai, je ne pourrais pas encore me marier : il faut que je me remue bravement encore. N'était mon ouïe, j'aurais depuis longtemps parcouru la moitié du monde ; et cela je dois le faire. — Il n'y a pas de plus grand plaisir pour moi que d'exercer mon art et de le montrer. Ne crois pas que je serais heureux chez vous. Qui pourrait me rendre heureux encore ? Même votre sollicitude me serait à charge. Je lirais à chaque instant la compassion sur votre visage, et je me trouverais encore plus misérable. — Ces beaux pays de ma patrie, qu'est-ce qui m'attirait vers eux ? Rien que l'espoir d'une meilleure situation ; et j'y serais parvenu sans ce mal ! Oh ! si j'étais libre de ce mal, je voudrais embrasser le monde ! Ma jeunesse, oui, je le sens ne fait que commencer ; n'ai-je pas toujours été souffrant ? Ma force physique croît plus que jamais, depuis quelque temps, avec ma force intellectuelle. Chaqu' jour, j'approche davantage du but que j'entrevois sans pouvoir le définir. Seulement dans de telles pensées ton Beethoven peut vivre. Point de repos ! Je n'en connais pas d'autre que le sommeil; et je suis assez malheureux de devoir lui accorder plus de temps qu'autrefois. Que je sois seulement à moitié délivré de mon mal, et alors, comme un homme plus maître de lui, plus mûr, je viens à vous, et je resserre nos vieux liens d'amitié.

Vous devez me voir aussi heureux qu'il m'est accordé de l'être ici-bas, — mais pas malheureux. — Non, cela je ne pourrais le supporter ! Je veux saisir le destin à la gueule. Il ne me courbera certainement pas tout à fait. — Oh ! cela est si beau de vivre la vie mille fois ! Pour une vie tranquille, non, je le sens, je ne suis plus fait pour elle.

...Mille bonnes choses à Lorchen... — Tu m'aimes bien un peu, n'est-ce pas ? Sois sûr de mon affection et de mon amitié. Ton

Beethoven.

Après ce sacrifice aux Muses, peut-être un peu trop prolongé, entrons maintenant dans le vif du sujet : la maladie de Beethoven, sa surdité. Le maître était atteint d' « otosclérose ». Vous savez, Messieurs, le vague de ce terme. Aussi bien traduit-il notre ignorance et surtout notre impuissance devant le mal. On est d'accord aujourd'hui pour voir dans l'otosclérose un processus trophique qui paralyse peu à peu les différents territoires de l'oreille moyenne et interne. Cet organe, noble entre tous, est comme frappé d'une mort lente. L'étiologie nous en échappe, c'est vous dire la faiblesse de tous les traitements. Son évolution est classique : elle se démasque à la puberté, frappant surtout la femme et les sujets tarés. Elle est souvent héréditaire, puis, va, progressant de façon lente et sûre. Les deux oreilles sont prises tout à tour. Quelques arrêts du processus dans cette marche inexorable, ne peuvent être que fugaces. Ils sont chargés d'espoirs mais aussi de désillusions et la surdite complète, compliquée de bourdonnements, en est la fatale échéance.

L'examen objectif varie peu. On trouve en général un conduit auditif large, sec, parcheminé, vierge de cérumen. Le tympan n'est pas déformé ; il est, suivant 'Lubet-Barbon, d'un blanc nacré comme une perle morte. Il semble que la sensibilité en soit émoussée. Un stylet le peut toucher facilement. Il ne provoque pas cette réaction de défense que nous rencontrons chez des sujets normaux. La muqueuse de la caisse a perdu elle aussi de sa vitalité.

Ainsi, tout un secteur du corps humain paraît ne vivre qu'au ralenti, et cela sous l'influence occulte d'un trouble général qui, encore aujourd'hui, nous échappe. Vous comprenez pourquoi tout traitement est marqué d'un échec. Insufflations, massages, courants faradiques demeurent tous sans effet ; on n'excite pas une cellule morte. Les recherches étiologiques se poursuivent, et l'on peut voir aujourd'hui dans un vice humoral la cause de cette otopathie. Là est peut-être la lumière et, partant, le succès.

Il a fallu la clarté d'esprit d'Escat pour mettre un peu d'ordre dans les otoscléroses en se basant sur les lésions anatomiques. Il divise les otodystrophies en deux grands groupes : les otoscléroses et les otoneuroses. Les premières sont des dystrophies par dégénérescences atrophiques des organes périphériques de l'audition : les seconds sont des dystrophies par dégénérescence atrophique des organes nerveux de l'audition. Le premier groupe comprend les tympanoscléroses (otospongioe pure, ou urdité ankylostapédienne), et les labyrintho-scléroses (surdité cochleaire). Le second groupe comprend les oto-cochléo-neuroses (surdité rétro-labyrinthique) et les ototrophoneuroses. Il est bien rare de rencontrer, en pratique, une systématisation aussi nette : les formes associées dominent, compliquant ainsi le syndrome clinique et égarant parfois le diagnostic. Nous verrons plus loin que la surdité de Beethoven était mixte.

Vous connaissez ses antécédents héréditaires. Sil n'y a pas de surdité scléreuse proprement dite dans sa famille directe, l'alcoolisme parternel et la phtisie de la mère sont de nature à faire un lit à cette agonie lente et certaine de terminaisons auditives. Dans les antécédents personnels, on relève une typhoïde grave et des maladies intestinales.

Les premiers symptômes de sa surdité se manifestèrent à l'âge de 26 ans et débutèrent par l'oreille gauche. Il écrivit alors le Largo en ré mineur de la sonate en ré majeur. Diminution de l'acuité auditive par acousie douloureuse, bourdonnements fugaces, s'installèrent insidieusement. Le malade les attribuait à des troubles gastro-intestinaux dont il souffrait depuis quelques temps. Wegeler et Riès s'aperçurent de ces premières déficiences auditives au cours de

promenades sur les berges du Rhin et plus tard du Danube. Riés,
l'ami fidèle et l'admirateur, assistait tristement aux progrès du mal.
Écoutez-le :

« Dans une promenade vagabonde, Beethoven me donna la pre-
« mière preuve frappante de la perte de son ouïe, dont Étienne de
« Breuning m'avait déjà parlé. Je lui fis remarquer un berger qui,
« dans un bois, jouait joliment d'une flûte de bois et de sureau.
« Beethoven resta une demi-heure sans rien entendre et, bien que
« je l'assurasse à plusieurs reprises que je n'entendais plus rien du
« tout (ce qui n'était pas vrai), il devint extraordinairement taci-
« turne et sombre. »

Le plus grand des maux de Beethoven, sa surdité, fut l'objet de
ses plaintes poignantes. Il fait allusion, dans le testament d'Heiligenstadt, à cet incident du pâtre qui chantait et que lui n'entendait pas.

Le mal progressait : Beethoven n'entendait plus les sons aigus ;
mais il dirigeait les répétitions de ses œuvres. De 1816 à 1818, il usa
de cornets acoustiques et d'instruments de prothèse aujourd'hui
conservés par le Musée Beethovien de Bonn. Il eut tôt fait de les
abandonner... et s'en prit vivement au constructeur, Malzet. Celui-ci,
dit-il, homme grossier, sans éducation, m'avait promis des appareils
acoustiques ; pour l'encourager, j'écrivis la « Symphonie de la Victoire ». Les appareils qu'il finit par me livrer se révélèrent insuffi-
sants et peu pratiques.

Nous touchons maintenant au choc le plus douloureux de sa vie
d'artiste : « La représentation de Fidélio ». En 1822, il voulut, malgré
ses amis, diriger cette œuvre reprise après huit ans d'interruption
avec l'admirable artiste Wilhelmine Schroede dans le rôle d'Eléonore.
Schindler fut témoin de cette triste soirée. L'ouverture en Mi majeur,
grâce à l'habileté des exécutants, fut parfaite ; mais, au duo « Mar-
cellina et Pasquin », Beethoven n'entendait pas les artistes. Pendant
que l'orchestre suivait la baguette du maître, ceux-ci chantaient pour
leur propre compte. Il en résulta une confusion générale. Umlauf,
le chef d'orchestre ordinaire, proposa un arrêt : puis la représentation reprit ; mais l'harmonie fut bientôt rompue. Nouvel arrêt. Il
était impossible de continuer sous la direction du compositeur. Comment le lui faire comprendre ? Personne n'avait le courage de lui
dire : « Retire-toi, malheureux, tu ne peux plus diriger ». Cependant, Beethoven, inquiet et agité, se tournait à droite et à gauche,
cherchant à deviner sur les physionomies les causes de l'obstacle.
Il appela Schindler qui lui fit tenir ces quelques mots : « Je vous
supplie de ne pas poursuivre, je vous expliquerai pourquoi plus
tard ». Il sortit comme un fou, s'enferma dans sa chambre et, la tête
dans ses mains, il pleura jusqu'au soir. Son désespoir fut immense.
Ainsi passaient les tristes heures. La surdité progressait, les bourdonnements se faisaient plus intenses, l'oreille gauche était alors

perdue presque complètement. Le maître était dans l'orchestre mais ne dirigeait plus. Le programme disait : « Prend part à la direction du concert ». Et le public applaudissait à tout rompre ce grand blessé de l'ouïe et de la vie dont il n'a pu goûter que le charme nostalgique.

L'état général de Beethoven fléchissait, depuis longtemps il se plaignait de violentes coliques, de diarrhée et de troubles intestinaux qu'il traita par les bains de Teplitz.

Le foie se prit en 1821 ; le maître fit un ictère et puis commença de boire. Peut-être cherchait-il dans une pâle ivresse l'oubli de ses douleurs...

La cirrhose hépatique progressait et Beethoven, déprimé, ascitique, le cœur déficient, succomba à une pneumonie, maladie intercurrente qu'il contracta en regagnant Vienne après un séjour à la campagne dans le village de Gneigendorf.

Beethoven s'adressa à de nombreux médecins pour expliquer et combattre sa surdité, mais je n'ai pas besoin de vous dire que tous les traitement échouèrent lamentablement. Ainsi s'explique le peu d'estime, quelque fois même la rancœur qu'avait pour notre corps le malheureux musicien. Voici d'ailleurs les principales figures médicales qui l'approchèrent :

Johann Peter Frank, médecin célèbre et écrivain, d'abord professeur à Pavie, puis médecin-chef de l'hôpital de Vienne, où il mourut.

Gérard Vering, médecin militaire et son fils joseph Retter.

Wegeler, qui fut surtout l'ami et le confident, était compatriote de Beethoven : il fit ses études à l'Université de Bonn. Puis il gagna Vienne où il fit de la littérature, mais il n'y resta point et regagna Bonn où il exerça à nouveau. Sa réputation dépassait les provinces rhénanes ; il fut nommé membre du jury médical du département du Rhin et de la Meuse et professeur d'obstétrique.

Schmodt, de Vienne, médecin militaire, professeur à l'Académie Joséphine, oculiste, auteur de plusieurs ouvrages classiques.

Malfatti, médecin italien, après la mort de Schmodt, devint médecin de Beethoven.

Enfin Wawruch, professeur de clinique chirurgicale à l'Université de Vienne, ferma les yeux du maître. Contre lui furent dirigées les pires attaques : on lui reprocha de n'avoir point compris la maladie de Beethoven, bien plus, de l'avoir aggravée par des traitements intempestifs.

Vous voyez, Messieurs, combien les temps ont peu changé...

Le chirurgien Wagner fut chargé de l'autopsie de Beethoven. Il décolla la peau du front, ouvrit la boîte crânienne, enleva les deux temporaux et les déposa au Musée d'anatomie.

Voici d'ailleurs le protocole d'autopsie : il est, pour l'époque, d'une grande précision :

« Le cadavre était, en particulier les membres, très maigre et
« recouvert de pétéchies noires. L'abdomen hydropique gonflé et
« tendu, le cartillage de l'oreille était particulièrement grand, irré-
« gulièrement formé : la dépression scaphoïde et surtout la conque
« était très ample et beaucoup plus profonde qu'à l'ordinaire. Les
« divers angles des circonvolutions étaient très marqués. Le conduit
« auditif externe apparaissait recouvert, surtout vers le tympan, de
« squames épidermiques luisantes. La trompe d'Eustache était très
« épaissie : la muqueuse tuméfiée et rétrécie vers la partie osseuse.
« Les cellules de l'apophyse mastoïde étaient grandes et sans carac-
« tère particulier. Une abondance de sang baignait la substance du
« temporal, traversé par de nombreux vaiseaux anormaux, surtout
« dans la région du limaçon dont la spirale cutanée paraissait rosée.
« Les nerfs faciaux étaient gros ; par contre, les nerfs acoustiques
« étaient subtils et amincis. Le nerf acoustique gauche, beaucoup
« plus mince, émergeait du quatrième ventricule, marqué de trois
« stries très fines et grises. Le droit présentait une strie large et
« blanche. Les circonvolutions du cerveau, molles et aqueuses, appa-
« raissaient normales tant en profondeur qu'en largeur, plus nom-
« breuses qu'à l'ordinaire. La voûte crânienne, de très grande den-
« sité, avait une épaisseur d'un demi pouce (Il semble que la nature
« ait voulu protéger cette splendide intelligence). La cavité thoracique
« était normale. Dans l'abdomen étaient contenus quatre litres de
« liquide gris, obscur et trouble. Le foie apparaissait diminué, co-
« riace, gris bleuâtre, mamelonné dans sa surface supérieure : ses
« vaisseaux étaient très étroits, la vésicule biliaire contenait un
« liquide brun, avec sédiment abondant ; la rate était hypertrophiée
« ainsi que le pancréas. Les deux reins étaient recouverts d'une cou-
« che cédulaire brillante, leur tissu était rouge, ramoli. Chaque calice
« rénal contenait une concrétion calcaire de la grosseur d'un demi
« poix. »

Ce protocole d'autopsie, fortement étayé par les lettres de Bee-thoven et les écrits de ses amis et des médecins, nous autorisent à poser le diagnostic d'otosclérose « labyrintho-tropho-neurose », compliquée de lésions catharrales chroniques tubo-tympaniques.

On a parlé, Messieurs, de neuro-labyrinthite syphilitique, de névrite typhique et de surdité professionnelle. Je crois qu'on peut écarter ces trois hypothèses. Rien, dans les antécédents héréditaires collatéraux, personnels, ne permet pareil diagnostic. Beethoven a eu une typhoïde grave, mais les premiers symptômes de surdité sont très postérieurs à cette affection. Les nerfs et les organes acoustiques, peut-être, en ont gardé quelque fragilité, mais l'évolution du mal écarte toute idée de névrite toxique eberthienne.

S'agissait-il de surdité professionnelle, labyrintho-coptose, par surmenage auditif ? On l'observe chez les chaudronniers, les artilleurs, chez tous ceux qui travaillent au milieu de bruits intenses et prolongés, en un mot de bruits délétères. Malheureusement on ne l'a pas signalé chez les musiciens. La théorie est certes séduisante. On peut donc y penser chez Beethoven, mais en poussant l'examen, on ne saurait s'y arrêter longuement.

Nous voici maintenant au dernier chapitre : L'influence de la surdité sur l'œuvre.

Ce sont les cerveaux tourmentés qui font les grands chefs-d'œuvre. Regardez le passé : les plus beaux monuments littéraires et artistiques sont signés des plus grands malheureux. Quand Pétrarque, isolé dans la haute Provence, pleurait et chantait son amour impossible, il souffrait et dans son âme et dans son corps. Lorsque Dante exilé, plaignant la pauvre Humanité, ses querelles et ses faiblesses, s'élevait de l'Enfer à ces régions pleines d'étoiles qu'il appelait le Paradis, le mal qui devait l'emporter faisait en lui ses premières blessures. Pascal, après son accident du pont de Neuilly, était en proie à d'étranges hallucinations : il voyait devant lui un abîme béant, un gouffre amer et sombre : alors il se tourna vers la religion et nous donna les « Provinciales » et les « Pensées »... C'est pour pleurer sa fille morte que Victor Hugo s'est épanché dans les « Contemplations ». Phtisique, abandonné par George Sand, Chopin créa dans sa douleur Préludes et Nocturnes. Michel-Ange, de laideur légendaire, brossa dans son désespoir le plafond de la Chapelle Sixtine.

Mais, parmi ces génies dont le malheur est une religion, il en est un plus grand, c'est celui qui, muré dans cette force supérieure qu'est le silence, a brûlé d'une flamme intérieure étonnante, a su chanter tour à tour sa plus belle espérance et puis ses déceptions. Il cheminait comme en extase, le regard perdu, par les rues bruyantes de Vienne, et ne semblait ne plus vivre que dans ce monde d'harmonie que son infirmité l'avait obligé de créer. Il était volontaire, orgueilleux et surtout réfléchi. Sa surdité ne fit qu'aiguiser cette intériorité ; passez-moi ce néologisme, l'euphonie en est certes douteuse, mais il exprime l'état d'âme de Beethoven qui portait en soi le monde et confiait ses pensées à son ami le clavecin. Il méditait sur son chagrin « Solitudo alit ingenium », la solitude alimente la pensée. Privé des rumeurs de la vie, il n'écoutait que celles de son âme. Il y a dans les œuvres du maître une évolution certaine. Les premières Sonates et les premières Symphonies sont de belle ordonnance et, disons-le, classique. Mais la coupe classique est bientôt trop étroite pour qu'il puisse y verser toute l'angoisse de sa vie. Il s'en évade, il modifie la Sonate et donne aux Symphonies un souffle plus puissant. Le premier, il sait unir intimement les voix humaines à la voix des instruments ; et la Neuvième Symphonie, dont Rubinstein a pu dire qu'elle fut possible grâce à la surdité, a réalisé ce prodige

Beethoven s'est éloigné de la phrase mélodique pour s'adonner, suivant Wagner, à la phrase primitive. Primitive parce que tonale. Ce précurseur du Romantisme, ce grand malheureux n'a pu se donner à lui-même la fête qu'il nous donne. Vous le savez par le poète, la seule récompense de l'oiseau, c'est le chant de l'oiseau. Cette récompense échappa à Beethoven qui n'entendait plus ses chefs-d'œuvre. Aussi bien son génie, poussé par la douleur, allait toujours plus haut quand la mort le brisa.

Messieurs, j'en ai fini, et je laisse à vos méditations cette pensée qui, pour être ironique, est de nature à consoler : La douleur et le mal étaient peut-être nécessaires.

TABLE DES MATIÈRES

EXPOSÉ

OREILLES

CAVITÉS ACCESSOIRES

LANGUE ET LARYNX

9 782329 424927